TIL KÆRLIGHED TIL PORTOBELLO-SVAMPE

Gourmeteventyr med svampenes konge

Mille Berglund

Copyright materiale ©2024

Alle rettigheder forbeholdes

Ingen del af denne bog må bruges eller transmitteres i nogen form eller på nogen måde uden korrekt skriftligt samtykke fra udgiveren og copyright-indehaveren, bortset fra korte citater brugt i en anmeldelse. Denne bog bør ikke betragtes som en erstatning for medicinsk, juridisk eller anden professionel rådgivning.

INDHOLDSFORTEGNELSE _

INDHOLDSFORTEGNELSE _ 3
INTRODUKTION 7
MORGENMAD 8
   1. PORTOBELLO ÆGGEBÆGRE MED SVAMPE 9
   2. PUFFED SVAMPEOMELET 11
   3. SVAMPE KIKÆRTE CRÊPE S 13
   4. OSTEAGTIG PESTO-OMELET 15
   5. SPINAT OG FETA FYLDTE PORTOBELLOSVAMPE 17
   6. PORTOBELLO SVAMPESANDWICH 19
   7. OSTEAGTIG BACON OG OMELET FYLDTE PORTOBELLOS 21
   8. MORGENMAD PORTOBELLOS MED SHIITAKES 23
   9. PØLSE OG SPINAT FYLDTE PORTOBELLOSVAMPE 25
   10. TOMAT OG BASILIKUM MORGENMAD PORTOBELLO CAPS 27
   11. AVOCADO OG RØGET LAKS PORTOBELLO BENEDICT 29
   12. SVAMPE OG SPINAT MORGENMAD QUESADILLAS 31

FORRETTER 33
   13. SPRØDE BAGTE PORTOBELLO-SVAMPE FRITES 34
   14. SVAMPE, KARTOFLER, GRÆSKARFRITTER OG CHAKALAKA 36
   15. FETAFYLDTE PORTOBELLO-SVAMPE 39
   16. GRØNBØNNEGRYDE FYLDTE SVAMPE 41
   17. REJER OG GEDEOST FYLDTE SVAMPE 43
   18. FYLDTE SVAMPE MED VILDT 45
   19. SPIRULINA OG SVAMPE ARANCINI 48
   20. PORTOBELLO SVAMPEBACON 51
   21. SQUASH OG PORTOBELLO BRUSCHETTA 53
   22. SPIRULINA OG SVAMPEKROKETTER 56

HOVEDRET 59
   23. PORTOBELLO KØDBRØD MED SØD BALSAMICOSAUCE 60
   24. PORTOBELLO SHEPHERD'S PIES 63
   25. GRILLEDE PORTOBELLO STEAKS 66

26. Kylling Madeira med Portobello 68
27. Luftstegte veganske svampebøffer 71
28. Aubergine og Portobello Lasagne 73
29. Bagt Portobellos Rom esco 76
30. Pasta med svampespinat 78
31. Kylling Marsala Lasagne 80
32. Frikadeller af vilde svampe 83
33. Artiskok og Portobello Risotto 85
34. Portobello svampe Enchiladas 87
35. Semolina Gnocchi Med Portobellosvampe 89
36. Tacos med mikrogrønt & gedeost 91
37. Sellerirod Ravioli Med Selleri/Svampefyld 93
38. Kastanje og sød kartoffel gnocchi 96
39. Soltørret tomat og feta Portobellos 99
40. Svampetacos med chipotlecreme 101
41. Tomat Risotto & Portobellosvamp _ 103
42. Gulasch af svampe 106
43. Portobellos indpakket i wienerbrød 108
44. Kartofler og artiskok-fyldte Portobello-svampe 111
45. Svinekødspølser med svampe 113
46. Græskar Farro Pilaf med Portobellos 115
47. Grillet pølse og Portobello 117
48. Portobello Florentine 119
49. Goji bær og spinat fyldte svampe 121
50. Portobellos, rejer og Farro skåle 123
51. Svampe oksekød Carbonnade 125
52. Northwoods Oksekødsstuvning 127
53. Dragefrugt fyldte Portobellosvampe 129
54. Svampeost-bøffer 131
55. Grillede svampe med fennikelslaw og løgringe 133
56. Tomat Risotto Og Svampe 136
57. New Zealand kød- og svampetærte 139
58. Svampesauce over ægnudler 142
59. Krydret røget tofu salatkopper 144

PIZZA 146

60. Grillet pizza Hvid Portobellos 147

61. Mini Portobello pizzaer 150
62. Portobello og sort oliven pizza 152
63. Portobello pizza 154
64. Klassisk Margherita Portobello Pizza 156
65. BBQ kylling Portobello Pizza 158
66. Vegetarisk Pesto Portobello Pizza 160
67. Kødelskere Portobello Pizza 162

SANDWICHES, BURGERE OG INDPAKNING 164

68. Champignonbøf Sandwich & Pesto 165
69. Portobello svampe burger 167
70. Vilde svampe burger 169
71. Syltede svampe og haloumi burgere 171
72. Champignon pesto burger 173
73. Haloumi Hash Burgere Med Grønkål Aioli 175
74. Portobello Italiensk Sub Sandwich 177
75. BBQ Bunless Veggie Burger 179
76. Chipotle Cheddar Quesadilla 182
77. Bulgur Linser Veggie Patty 184
78. Vegetarisk svampe indpakning med pesto 186
79. Seitan Burritos 188
80. Solide Portobello burgere 190
81. Portobello Po'Drenge 192

SUPPER 194

82. Portobello svampesuppe 195
83. Kylling og svampesuppe med vilde ris 197
84. Fløde af Portobellosuppe _ _ 199
85. Ristet hvidløg og Portobellosuppe 201
86. Urte-infunderet Portobello svampesuppe 203
87. Karry Portobello svampesuppe 205
88. Vilde ris og Portobello svampesuppe 207
89. Nem Portobell eller suppe 209
90. Linser og Portobellosuppe 211
91. Portobellosuppe med hvidløg og parmesan 213
92. Portobello svampe tortilla suppe 215

SALATER 217

93. Grillet Portobello svampesalat 218
94. Portobello og Quinoa salat 220
95. Spinat og Portobello svampesalat 222
96. Caprese Portobello svampesalat 224
97. Middelhavs Portobello svampesalat 226
98. Asiatisk Portobello-svampenudlesalat 228
99. Varm Portobello og gedeostsalat 230
100. Sydvest Quinoa og Portobello salat 232

KONKLUSION 234

INTRODUKTION

Velkommen til "Til Kærlighed Til Portobello-Svampe", dit pas til gourmeteventyr med svampenes konge. Denne kogebog er en fejring af den jordagtige, kødfulde og alsidige Portobello-svamp, der guider dig gennem en kulinarisk rejse, der udforsker dybden af dens rige smag og teksturer. Tag med os, når vi begiver os ud på et gourmeteventyr, der løfter den ydmyge Portobello til nye højder.

Forestil dig et bord prydet med velsmagende Portobello-bøffer, overbærende fyldte kasketter og kreative svampe-inspirerede retter – alt sammen inspireret af svampekongens robuste og solide natur. " Til Kærlighed Til Portobello-Svampe " er ikke bare en samling af opskrifter; det er en ode til denne elskede svampes alsidighed, dybde og kulinariske potentiale. Uanset om du er en hengiven svampeentusiast eller blot nysgerrig efter at udvide din kulinariske horisont, er disse opskrifter lavet til at inspirere dig til at skabe gourmet-lækkerier med Portobello-svampen.

Fra klassiske grillede Portobello-steaks til innovative appetitvækkere og solide hovedretter er hver opskrift en fejring af den rige umami og kødfulde tekstur, som Portobellos bringer til bordet. Uanset om du er vært for en plantebaseret fest eller ønsker at tilføje et velsmagende twist til dine måltider, er denne kogebog din foretrukne ressource til at udforske gourmetsiden af svampenes konge.

Slut dig til os, mens vi krydser Portobello-svampens kulinariske landskaber, hvor hver kreation er et vidnesbyrd om den robuste og alsidige natur af denne kongelige svampe. Så tag dit forklæde på, omfavn de jordiske smage, og lad os tage på en liflig rejse gennem " Til Kærlighed Til Portobello-Svampe ".

MORGENMAD

1. Portobello æggebægre med svampe

INGREDIENSER:
- 4 store portobellosvampe
- 4 æg
- 1 kop spinat, hakket
- 1/2 kop cherrytomater, i tern
- Salt og peber efter smag
- Olivenolie til drypning

INSTRUKTIONER:
a) Forvarm ovnen til 375°F (190°C).
b) Fjern stilkene fra portobellosvampene og læg dem på en bageplade.
c) Knæk et æg i hver svampehætte.
d) Drys hakket spinat og tomater i tern over hvert æg.
e) Smag til med salt og peber efter smag.
f) Dryp olivenolie over toppen.
g) Bag i den forvarmede ovn i 15-20 minutter eller indtil æggene er kogt efter din smag.

2.Puffed svampeomelet

INGREDIENSER:
- 20 g smør
- 1 spsk olivenolie
- 2 store portobellosvampe, fint skåret
- 1 bananskalotteløg, skåret i tynde skiver
- 3 æg
- 100 ml naturel yoghurt
- 1 spsk basilikum, hakket
- 1 spsk persille, hakket
- ½ spsk purløg, hakket

INSTRUKTIONER:
a) Varm smør og olie op i en stor stegepande med låg. Steg svampene uden at røre for ofte, så de tager lidt farve.
b) Tilsæt skalotteløg og kog indtil det er blødt. Sænk varmen til den mindst mulige flamme.
c) Bland æg og yoghurt sammen, og smag til med et godt nip havsalt og peber. Pisk med en elpisker (eller kraftigt i hånden), til det er meget skummende.
d) Hæld blandingen i gryden, tilsæt krydderurter og læg låg på.
e) Kog indtil den er hævet og helt sat.

3.Svampe Kikærte Crêpe s

INGREDIENSER:
CRÊPES:
- 140 g kikærtemel
- 30 g jordnøddemel
- 5 g næringsgær
- 5 g karrypulver
- 350 ml vand
- Salt, efter smag

FYLDNING:
- 10 ml olivenolie
- 4 Portobello-svampehatte, skåret i tynde skiver
- 1 løg, skåret i tynde skiver
- 30 g babyspinat
- Salt og peber efter smag
- Vegansk mayo

INSTRUKTIONER:
LAVE CRÊPES

a) Kombiner kikærtemel, jordnøddemel, næringsgær, karrypulver, vand og salt efter smag i en foodblender.
b) Opvarm en stor non-stick stegepande over medium-høj varme. Spray panden med lidt madolie.
c) Hæld ¼ kop af dejen i stegepanden og fordel dejen over hele pandens bund med en hvirvelbevægelse.
d) Kog crêpen i 1 minut på hver side. Skub crêpen ud på en tallerken og hold den varm.

LAVE FYLDET

e) Varm olivenolie op i en gryde ved middelhøj varme.
f) Tilsæt svampe og løg og steg i 6-8 minutter.
g) Tilsæt spinat og vend indtil det er visnet i 1 minut.
h) Smag til med salt og peber og kom over i en stor skål.
i) Vend tilberedt vegansk mayo i.

4.Osteagtig pesto-omelet

INGREDIENSER:
- 1 tsk olivenolie
- 1 Portobello-svampehætte, skåret i skiver
- 1/4 kop hakket rødløg
- 4 æggehvider
- 1 tsk vand
- salt og kværnet sort peber efter smag
- 1/4 kop revet fedtfattig mozzarellaost
- 1 tsk forberedt pesto

INSTRUKTIONER:

a) Opvarm olie på middel varme i en stegepande og steg løg og svampe i cirka 3-5 minutter.

b) Tilsæt vand, æggehvider, salt og sort peber i en lille skål og pisk godt.

c) Tilsæt æggevideblandingen i gryden og kog under omrøring ofte i cirka 5 minutter, eller indtil æggehviderne begynder at blive faste.

d) Læg osten over omeletten, efterfulgt af pestoen, og fold forsigtigt omeletten og kog i ca. 2-3 minutter, eller indtil osten er smeltet.

5.Spinat og feta fyldte Portobellosvampe

INGREDIENSER:
- 4 store portobellosvampe
- 1 kop spinat, hakket
- 1/2 kop fetaost, smuldret
- 1 fed hvidløg, hakket
- 2 spsk olivenolie
- Salt og peber efter smag

INSTRUKTIONER:
a) Forvarm ovnen til 375°F (190°C).
b) Fjern stilkene fra portobellosvampene og læg dem på en bageplade.
c) Svits den hakkede spinat og det hakkede hvidløg i olivenolie i en stegepande, indtil det er visnet.
d) Fyld hver svampehætte med spinatblandingen.
e) Top med smuldret fetaost.
f) Smag til med salt og peber efter smag.
g) Bag i den forvarmede ovn i 15-20 minutter eller indtil svampene er møre.

6.Portobello svampesandwich

INGREDIENSER:
- 4 store portobellosvampe
- 4 æg
- 4 engelske muffins, ristede
- 1 avocado, skåret i skiver
- 1 kop rucola
- Salt og peber efter smag

INSTRUKTIONER:
a) Forvarm ovnen til 375°F (190°C).
b) Fjern stilkene fra portobellosvampene og læg dem på en bageplade.
c) Knæk et æg i hver svampehætte.
d) Smag til med salt og peber efter smag.
e) Bag i den forvarmede ovn i 15-20 minutter eller indtil æggene er kogt efter din smag.
f) Saml sandwichen ved at lægge en champignon med æg på hver ristet engelsk muffin.
g) Top med avocadoskiver og rucola.

7. Osteagtig bacon og omelet fyldte Portobellos

INGREDIENSER:
- 4 store portobellosvampe
- 4 æg, pisket
- 1/2 kop cheddarost, revet
- 4 skiver bacon, kogt og smuldret
- 1/4 kop grønne løg, hakket
- Salt og peber efter smag

INSTRUKTIONER:
a) Forvarm ovnen til 375°F (190°C).
b) Fjern stilkene fra portobellosvampene og læg dem på en bageplade.
c) I en skål blandes de sammenpiskede æg, revet cheddarost, smuldret bacon og hakkede grønne løg.
d) Hæld æggeblandingen i hver champignonhætte.
e) Smag til med salt og peber efter smag.
f) Bag i den forvarmede ovn i 15-20 minutter eller indtil æggene er sat og svampene er møre.

8. Morgenmad Portobellos Med Shiitakes

INGREDIENSER:
- 4 mellemstore til store friske portobello-hætter, 4-6 tommer på tværs; gjort rent
- 3 spsk olivenolie
- 4 ounce Shiitake-svampe; stilke fjernet og hætter skåret i skiver
- ½ lille løg; fint skåret i tern
- 1 kop friske majskerner
- ⅓ kop ristede pinjekerner
- ½ kop stegt, smuldret bacon
- Salt
- 8 æg

INSTRUKTIONER:
a) Forvarm ovnen til 400 grader. Læg portobello-hatte med gællesiden opad i en stor bageform og bag i 5 minutter. Varm imens olie i en stor
b) Sauter panden ved høj varme. Tilføj shiitakes, løg og majs; Sauter indtil svampene er bløde og majs møre, 3-4 minutter. Tilsæt pinjekerner og bacon hvis du bruger og rør godt rundt. Sørg for at krydre godt.
c) Fjern svampe fra ovnen og fordel shiitake-blandingen jævnt mellem 4 hætter, der glatter overfladen. Sørg for, at hætterne ligger så fladt som muligt, så æggene ikke glider til den ene side, mens de bages. Knæk 2 æg oven på hver champignon.
d) Salt æggene let og sæt fadet tilbage i ovnen. Bag til æggene er færdige efter din smag, og server derefter med det samme.

9.Pølse og spinat fyldte Portobellosvampe

INGREDIENSER:
- 4 store portobellosvampe
- 1/2 lb morgenmadspølse, kogt og smuldret
- 1 kop frisk spinat, hakket
- 1/2 kop cheddarost, revet
- 4 æg
- Salt og peber efter smag

INSTRUKTIONER:
a) Forvarm ovnen til 375°F (190°C).
b) Fjern stilkene fra portobellosvampene og læg dem på en bageplade.
c) I en skål blandes den kogte pølse, hakket spinat og revet cheddarost.
d) Hæld pølseblandingen i hver svampehætte.
e) Knæk et æg oven på hver fyldt champignon.
f) Smag til med salt og peber efter smag.
g) Bag i 15-20 minutter eller indtil æggene er kogt efter din smag.

10. Tomat og basilikum morgenmad Portobello Caps

INGREDIENSER:
- 4 store portobellosvampe
- 1 kop cherrytomater, halveret
- 1/2 kop frisk basilikum, hakket
- 4 æg
- 1/4 kop parmesanost, revet
- Salt og peber efter smag

INSTRUKTIONER:
a) Forvarm ovnen til 375°F (190°C).
b) Fjern stilkene fra portobellosvampene og læg dem på en bageplade.
c) Fordel de halverede cherrytomater og hakket basilikum jævnt mellem svampene.
d) Knæk et æg oven på hver champignon.
e) Drys parmesanost over hvert æg.
f) Smag til med salt og peber efter smag.
g) Bag i 15-20 minutter eller til æggene er stivnet.

11. Avocado og røget laks Portobello Benedict

INGREDIENSER:
- 4 store portobellosvampe
- 4 æg
- 4 oz røget laks
- 1 avocado, skåret i skiver
- Hollandaise sauce (købt eller hjemmelavet)
- Purløg, hakket (til pynt)

INSTRUKTIONER:
a) Forvarm ovnen til 375°F (190°C).
b) Fjern stilkene fra portobellosvampene og læg dem på en bageplade.
c) Knæk et æg i hver svampehætte.
d) Bag i 15-20 minutter eller indtil æggene er kogt efter din smag.
e) Læg en skive røget laks og avocado på hver champignon.
f) Dryp hollandaisesauce over toppen.
g) Pynt med hakket purløg.

12.Svampe Og Spinat Morgenmad Quesadillas

INGREDIENSER:
- 4 store portobellosvampe, skåret i skiver
- 2 kopper babyspinat
- 4 store meltortillas
- 1 kop revet Monterey Jack ost
- 4 æg, røræg
- Salsa og creme fraiche (valgfrit til servering)

INSTRUKTIONER:

a) Svits de skåret portobellosvampe i en stegepande, indtil de slipper deres fugtighed.

b) Tilsæt babyspinaten i gryden og kog indtil den er visnet.

c) Læg en tortilla på en bageplade eller stegepande ved middel varme.

d) Drys revet ost på den ene halvdel af tortillaen.

e) Hæld svampe- og spinatblandingen over osten.

f) Hæld røræg over blandingen.

g) Fold tortillaen på midten, og tryk den ned med en spatel.

h) Kog i 2-3 minutter på hver side, indtil quesadillaen er gylden og osten er smeltet.

i) Gentag for de resterende tortillas.

j) Server med salsa og creme fraiche, hvis det ønskes.

FORRETTER

13. Sprøde bagte Portobello-svampe frites

INGREDIENSER:
- 4 store portobellosvampe, stilke fjernet og hætter skåret i fritter
- 1 kop panko brødkrummer
- 1/2 kop revet parmesanost
- 1 tsk hvidløgspulver
- 1 tsk løgpulver
- 1/2 tsk røget paprika
- Salt og sort peber efter smag
- 2 store æg, pisket
- Madlavningsspray eller olivenolie til overtræk

INSTRUKTIONER:
a) Forvarm ovnen til 425°F (220°C). Beklæd en bageplade med bagepapir og stil til side.
b) I en lav skål kombineres panko-brødkrummer, revet parmesanost, hvidløgspulver, løgpulver, røget paprika, salt og sort peber. Bland godt for at skabe belægningsblandingen.
c) Dyp hver portobello-svampeyngel i de sammenpiskede æg, og sørg for, at den er helt belagt.
d) Rul den belagte svampesteg i brødkrummeblandingen, tryk forsigtigt for at klæbe belægningen jævnt.
e) Læg de overtrukne svampefrites på den forberedte bageplade, og lad plads mellem hver stegning.
f) Smør svampefritterne let med madlavningsspray eller pensl med olivenolie.
g) Bages i den forvarmede ovn i 15-20 minutter, eller indtil fritterne er gyldenbrune og sprøde, og vend dem halvvejs i bagetiden for jævn sprødhed.
h) Tag dem ud af ovnen og lad dem køle lidt af inden servering.
i) Valgfrit: Server med din yndlingsdipsauce, såsom marinara, aioli eller ranch.
j) Nyd dine sprøde bagte Portobello Champignon Frites som en velsmagende snack eller en unik sideret med en tilfredsstillende knas!

14. Svampe, kartofler, græskarfritter og chakalaka

INGREDIENSER:
TIL GRILLET SVAMP
- 200 g Portabellosvamp
- 1 g gurkemeje
- 1 g fint salt
- 15 ml olivenolie
- 10 ml eddike

TIL HASSELBACK-KARTOFLEN
- 250 g kartofler
- 1 g gurkemeje
- 1 g fint salt
- 15 ml olivenolie
- 2 g rosmarin
- 5 g parmesanost

TIL GÆRSKARFRITTERNE
- 150 g Butternut
- 30 g Kagemel
- 45 ml Aquafaba
- 1 g bagepulver
- 2 g Tin Butter Bean
- 0,125 g hel koriander

TIL CHAKALAKA
- 5 g hvidløg hakket
- 5 g rød peber i tern
- 5 g grøn peber i tern
- 15 g gulerod revet
- 10 g hakket blommetomat
- 100 g Tin Kikærter
- 10 ml chutney
- 2 ml riseddike
- 1 g ingefær
- 1 g stødt kanel
- 2 g sirupsukker

INSTRUKTIONER:

TIL SVAMPEN
a) Krydr svampe, mariner i olivenolie og balsamico.
b) Steg på en varm pande og kog til de er karamelliseret.

TIL HASSELBACK-KARTOFLEN
c) Læg kartoflerne på en bageplade, pensl med halvdelen af olien, drys med salt, peber og rosmarin.
d) Bages ved 210°C i 30 minutter.
e) Tag ud af ovnen og pensl med den resterende olie og drys med ost. Bages indtil kogt.

TIL GÆRSKARFRITTERNE
f) Bland butternut, mel, aquafaba og bagepulver til en jævn dej.
g) Friter klatter af dej i varm olie.
h) Drys med kanelsukker.

TIL CHAKALAKA
i) Steg alle grøntsagerne i olivenolie, til det begynder at blive blødt.
j) Tilsæt krydderier og kog indtil dufter.
k) Tilsæt tomatpure, chutney & baked beans. Fortsæt med at lave mad i et par minutter.

15. Fetafyldte Portobello-svampe

INGREDIENSER:
- 4 (4") store Portobello-svampe
- 2 spsk ekstra jomfru olivenolie
- 1 fed hvidløg (pillet og hakket)
- ¼ tsk salt
- 1 kop fetaost (smuldret)
- ½ kop pesto

INSTRUKTIONER:
a) Fjern og kassér svampestænglerne, og brug en ske, skrab, fjern og kassér gællerne.
b) I en skål kombineres olivenolie og hvidløg. Pensl hvidløgs-olie over svampene og smag til med salt.
c) I en mindre skål kombineres den smuldrede feta med pesto.
d) Arranger svampene på en plade af smurt aluminiumsfolie og grill med stilksiden opad, mens de er dækket over moderat varme i 8-10 minutter.
e) Hæld fetablandingen ind i svampene og tildækket, grill indtil den er gennemvarmet i 2-3 minutter.

16. Grønbønnegryde fyldte svampe

INGREDIENSER:
- 3 skiver kalkun bacon strimler (i tern)
- 1½ tsk hvidløg (pillet og hakket)
- 1 (14½ ounce) dåse grønne bønner i fransk stil (drænet)
- ¾ kop parmesanost (frisk revet og delt)
- ¼ kop kondenseret flødeløgsuppe (ufortyndet)
- ¼ kop vand
- ⅛ teskefuld stødt muskatnød
- ⅛ teskefuld sort peber
- 1 kop tørre brødkrummer
- 30 hele baby Portobello-svampe
- Nonstick madlavningsspray
- 1 (2,8 ounce) dåse franskstegte løg

INSTRUKTIONER:
a) Steg baconen sprød ved moderat varme i en lille stegepande.
b) Tilsæt hvidløg og steg i yderligere 60 sekunder.
c) Kombiner de franske grønne bønner, ½ kop parmesanost, kondenseret løgsuppe, vand, muskatnød, sort peber og baconblanding i en foodprocessor, og forarbejd indtil den er inkorporeret. Kom blandingen over i en skål, og vend brødkrummerne i.
d) Fjern og kassér svampestænglerne. Brug nonstick-spray til at sprøjte svampehætterne og anret dem på en usmurt 15x10x1" bradepande med stilksiderne nedad. Bag dem i ovnen ved 425°F i 10 minutter, og vend dem én gang.
e) Dræn væsken fra svampehætterne, og fyld med den franske grønne bønneblanding. Top med den resterende parmesanost og franskstegte løg. Bag i ovnen i yderligere 8-10 minutter, indtil svampene er gaffelmøre, og fyldet opvarmet.
f) Server og nyd.

17.Rejer og gedeost fyldte svampe

INGREDIENSER:
- 8 ounce ubehandlede rejer, pillede, deveirede og hakkede
- 1 (4 ounce) frisk gedeost med urter (smuldret)
- ⅓ kop grønt løg (hakket)
- ¼ kop panko brødkrummer
- 1 tsk frisk ingefærrod (hakket)
- ½ tsk knuste røde peberflager
- ½ tsk salt
- ¼ tsk sort peber
- 8 ounce hele baby Portobello-svampe (stilkede)
- 2 spsk sesamolie
- Grønne løg (skåret i tynde skiver, til pynt)

INSTRUKTIONER:
a) Kombiner rejer, gedeost, grønne løg, brødkrummer, ingefærrod, rød peberflager, salt og sort peber i en skål.
b) Hæld rejeblandingen i svampehætterne og anbring dem på en usmurt bageplade. Dryp sesamolie over.
c) Bag svampene ved 350°F i 10-15 minutter, indtil rejerne er lyserøde.
d) Pynt de fyldte svampe med grønne løg og nyd dem lune.

18. Fyldte svampe med vildt

INGREDIENSER:
- 4 (5") hele baby Portobello-svampe
- ½ (7 ounce) kan små tomater i tern (silet godt)
- 1 pund malet vildtkød
- ½ tsk salt
- ⅛ teskefuld sort peber
- ¼ teskefuld løgpulver
- ¼ tsk tørret timian
- ¾ tsk fennikelfrø
- ¼ tsk cayennepeber
- ½ tsk tørret oregano
- 1 tsk paprika
- ½ tsk tørret basilikum
- 1 æg
- 3 ounce tomatpure
- ⅓ kop balsamicoeddike
- 3-4 fed hvidløg (pillet og knust)
- ½ kop grønt løg (hakket)
- 1 (4 ounce) dåse skåret sorte oliven (drænet)
- 1 ½ dl mozzarella (revet)
- 1 kop italiensk 3 osteblanding
- ¼ kop italienske brødkrummer

INSTRUKTIONER:
a) Forvarm hovedovnen til 375°F.
b) Fjern og skær stilkene fra champignonhattene fint. Sæt til side.
c) Læg svampehætterne på et køkkenrulle med stilksiden nedad.
d) Tryk dåsetomater gennem en si, og brug bagsiden af en træske til at trykke forsigtigt ned for at fjerne så meget væske som muligt.
e) Kombiner det malede vildtkød i en skål med salt, sort peber, løgpulver, tørret timian, fennikelfrø, cayennepeber, tørret oregano, paprika og tørret basilikum. Tilsæt derefter æg, tomatpure og eddike. Bland grundigt for at kombinere.
f) Rør derefter hvidløg, grønne løg, sorte oliven, løgstængler i tern, mozzarella, italiensk blandingsost og brødkrummer i.
g) Brug en stor ske til at fylde svampehattene med vildtblandingen. Mængden af fyld skal være cirka 75 procent af svampestørrelsen.
h) Bag de fyldte svampe i en støbejernsgryde i 20-25 minutter, til de er gennemstegte.

19. Spirulina og svampe Arancini

INGREDIENSER:
- 2 kopper vegetarisk bouillon (eller hønsefond)
- 2 spsk olivenolie
- 1 løg, fint hakket
- 2 fed hvidløg, knust
- 3 friske schweiziske brune eller marksvampe
- 2 tørrede shiitakesvampe
- ¼ kop tørrede portobellosvampe i skiver
- ½ kop hvidvin
- 1 ½ kop (300 g) arborio ris
- ¾ kop (58 g) revet parmesan, mozzarella eller cheddarost
- 2 spsk frisk spirulina
- ½ kop (65 g) almindeligt mel
- 3 æg, pisket
- 1 kop brødkrummer
- Olie til overfladisk stegning
- Salt, til at krydre

INSTRUKTIONER:
a) Forvarm ovnen til 160°C.
b) Kom fonden i en gryde ved middel varme. Bring det i kog, reducer derefter varmen, læg låg på og lad det simre lavt.
c) Læg de tørrede svampe i 1 kop varmt vand. Når de tørrede svampe er bløde, klemmer du den overskydende væske ud og hakker dem groft. Tilsæt iblødsætningsvandet til bouillonen.
d) Hak de friske svampe.
e) Varm olivenolien op i en stor pande ved middel varme. Tilsæt finthakket løg og presset hvidløg og steg i 1-2 minutter eller indtil de er bløde.
f) Rør de hakkede svampe i og kog i 2-3 minutter, indtil de er bløde.
g) Reducer varmen til lav, tilsæt arborio-risen og rør i 3-4 minutter, og sørg for, at den er jævnt belagt med olie.
h) Tilsæt hvidvinen og kog indtil den er absorberet af risene.
i) Begynd med at varme bouillonen i ½ kop portioner og rør om af og til. Fortsæt denne proces, indtil risene absorberer fonden og når en al dente konsistens. Blandingen skal være let klistret.
j) Tilsæt revet ost og frisk spirulina under godt omrøring. Smag blandingen til med salt og peber efter smag. Lad det køle helt af.
k) Rul dybede spiseskefulde af risottoblandingen til kugler, drys dem med mel, dyp dem i de sammenpiskede æg, og rul dem derefter i rasp.
l) Steg kuglerne let, indtil brødkrummerne bliver gyldenbrune.
m) Læg kuglerne over på en bageplade beklædt med bagepapir og bag dem i yderligere 20 minutter.

20. Portobello svampebacon

INGREDIENSER:
- 2 spsk lys olivenolie
- 2 spsk sojasovs
- 1 spsk ren ahornsirup
- ½ tsk flydende røg
- 1 tsk røget paprika
- ¼ tsk rød peberflager
- ¼ tsk peber
- 2 portobellosvampe, skåret i ⅛-tommer brede strimler

INSTRUKTIONER:

a) Pisk olivenolie, sojasovs, ahornsirup, flydende røg, røget paprika, rød peberflager og peber i en stor skål. Tilsæt svampeskiverne og vend dem til pels.

b) Vælg funktionen Forvarmning på Air Fryer Toaster Ovnen, og tryk derefter på Start/Pause.

c) Læg svampeskiverne i stegekurven i et jævnt lag, og sæt derefter kurven midt i den forvarmede ovn.

d) Vælg Air Fry og Shake funktionerne, juster tiden til 15 minutter, og tryk på Start/Pause.

e) Vend svampeskiver halvvejs gennem tilberedningen. Rystepåmindelsen fortæller dig hvornår.

f) Fjern når svampe er sprøde.

21. Squash og Portobello Bruschetta

INGREDIENSER:
- 1¾ pund Butternut Squash eller Orange-Flesh Squash
- ¾ pund Portobello-svampe, tørret af, stilke fjernet
- 3 fed hvidløg
- Salt og friskkværnet peber efter smag
- 1 spsk hakket frisk oregano
- 1 spsk hakket frisk rosmarin
- 2 spsk balsamicoeddike
- ¼ kop lav-natrium kyllingefond, skummet af fedt
- ¼ kop blød gedeost
- 6 skiver fuldkorns landbrød
- Olivenolie spray

INSTRUKTIONER:
a) Forvarm ovnen til 425 grader med en rist i midten. Spray en bradepande med madlavningsspray. Skær squashen i halve på langs. Fjern frø og fibre, og skræl dem. Skær squashen i ½-tommers stykker.
b) Skær portobelloerne i ½-tommers stykker. Overfør squash og svampe til gryden, hold hver adskilt.
c) Tilsæt hvidløg. Spray det hele med madlavningsspray. Drys med salt og peber og halvdelen af oregano og rosmarin.
d) Kog til portobelloerne er møre, 15 - 20 minutter, og fjern portobelloerne. Fordel squashen i gryden, vend med en spatel. Øg varmen til 450 grader.
e) Kog indtil squashen lige er møre og hvidløget blødt, cirka 15 minutter mere. Fjern fra ovnen. Fjern hvidløgsfeddene, og gem dem.
f) Kom portobelloerne tilbage i gryden, og sæt dem over medium-høj varme på komfuret.
g) Tilsæt eddike, hønsefond og den resterende halvdel af oregano og rosmarin, og skrab langs bunden af gryden for at fjerne eventuelle tilberedte stykker.
h) Kog, omrør ofte, indtil væsken er reduceret til en glasur, 2 - 3 minutter. Overfør blandingen til en stor skål. Lad afkøle lidt.
i) Fjern omkring ⅓ af squashterningerne fra blandingen, og overfør til en mellemstor skål. Brug bagsiden af en kniv til at skrabe det blødgjorte hvidløgskød ud fra hvert fed. Tilføj til skål. Tilsæt gedeosten.
j) Brug en gaffel til at smadre ingredienser til en pasta. Sæt til side. Rist brødskiverne let i en grillpande eller under grillen. Smør hver med squashpasta.
k) Top hver med en squash-og-portobello blanding.
l) Pynt med oregano og rosmarin.

22.Spirulina og svampekroketter

INGREDIENSER:
- 2 kopper vegetarisk bouillon (eller hønsefond)
- 2 spsk olivenolie
- 1 løg, fint hakket
- 2 fed hvidløg, knust
- 3 friske schweiziske brune eller marksvampe
- 2 tørrede shiitakesvampe
- ¼ kop tørrede portobellosvampe i skiver
- ½ kop hvidvin
- 1 ½ kop (300 g) arborio ris
- ¾ kop (58 g) revet parmesan, mozzarella eller cheddarost
- 2 spsk frisk spirulina
- ½ kop (65 g) almindeligt mel
- 3 æg, pisket
- 1 kop brødkrummer
- Olie til overfladisk stegning
- Salt, til at krydre

INSTRUKTIONER:

n) Forvarm ovnen til 160°C.

o) Kom fonden i en gryde ved middel varme. Bring det i kog, reducer derefter varmen, læg låg på og lad det simre lavt.

p) Læg de tørrede svampe i 1 kop varmt vand. Når de tørrede svampe er bløde, klemmer du den overskydende væske ud og hakker dem groft. Tilsæt iblødsætningsvandet til bouillonen.

q) Hak de friske svampe.

r) Varm olivenolien op i en stor pande ved middel varme. Tilsæt finthakket løg og presset hvidløg og steg i 1-2 minutter eller indtil de er bløde.

s) Rør de hakkede svampe i og kog i 2-3 minutter, indtil de er bløde.

t) Reducer varmen til lav, tilsæt arborio-risen og rør i 3-4 minutter, og sørg for, at den er jævnt belagt med olie.

u) Tilsæt hvidvinen og kog indtil den er absorberet af risene.

v) Begynd med at varme bouillonen i ½ kop portioner og rør om af og til. Fortsæt denne proces, indtil risene absorberer fonden og når en al dente konsistens. Blandingen skal være let klistret.

w) Tilsæt revet ost og frisk spirulina under godt omrøring. Smag blandingen til med salt og peber efter smag. Lad det køle helt af.

x) Rul dybede spiseskefulde af risottoblandingen til kugler, drys dem med mel, dyp dem i de sammenpiskede æg, og rul dem derefter i rasp.

y) Steg kuglerne let, indtil brødkrummerne bliver gyldenbrune.

z) Læg kuglerne over på en bageplade beklædt med bagepapir og bag dem i yderligere 20 minutter.

HOVEDRET

23. Portobello kødbrød med sød balsamicosauce

INGREDIENSER:
TIL DE "RISTEDE" SVAMPE OG PEBER:
- 9 oz portobello svampe
- 3 røde peberfrugter
- 3 spsk citronsaft
- 1/4 kop olivenolie
- 4 fed hvidløg, hakket
- 1/2 tsk salt

FARSBRØD:
- 1 kop valnødder, udblødt
- 1 kop mandler, udblødt
- 1/2 løg
- 1 spsk tamari
- 3 spsk olivenolie
- 2 spsk timian
- 2 tsk salvie
- 1 spsk blandede urter (en kombination af timian, merian, persille, oregano, salvie og basilikum)

TOMATSOVS:
- 6 oz cherrytomater
- 1/2 rød peberfrugt, fjernet og hakket
- 1/4 rødløg (halvt hakket, halvt i tynde skiver)
- 1 spsk olivenolie
- 1 spsk balsamicoeddike
- 1 fed hvidløg, pillet
- 1/4 tsk sort peber, stødt
- 1/2 spsk fennikelfrø, stødt
- 2 tsk løgpulver
- 1/2 tsk salt
- 2 tsk paprika (sød variant, ikke krydret)

INSTRUKTIONER:
TIL DE "RISTEDE" SVAMPE OG PEBER:
a) Skær svampene i ca. 1 cm (1/2 tomme) skiver og peberfrugterne i ca. 1/2 cm (1/4 tomme) strimler.
b) Bland citronsaft, olivenolie, hakket hvidløg og salt i en skål. Tilsæt champignon og peberfrugt i skiver, bland godt.
c) Placer svampe og peberfrugter på et non-stick dehydratorark, dehydrer i 3 timer ved 115°F.

FARSBRØD:
d) Kværn alle ingredienser til kødbrød i en foodprocessor, indtil de er grundigt blandet.
e) Tilsæt dehydrerede svampe og peberfrugter, bearbejd igen, efterlad dem tykke.
f) Tag ud af foodprocessoren og form 2 brød, cirka 2 cm høje og 4 cm brede.
g) Dehydrer i 12 timer ved 115°F med tomatsaucen (se nedenfor).

TOMATSOVS:
h) Kom alle sauceingredienserne i en højhastighedsblender, og bearbejd det til det er glat.
i) Kom saucen i en stor skål for at få et større overfladeareal, hvilket hjælper med hurtigere reduktion.
j) Sæt skålen i dehydratoren ved 115°F i 12 timer, og rør af og til, indtil den er reduceret til det halve og tyk.
k) Fordel et jævnt lag af saucen oven på kødbrødet, som for det meste er tørret på dette tidspunkt.
l) Dehydrer ved 115°F i yderligere 2 timer.
m) Serveres varm fra dehydratoren.

24. Portobello Shepherd's Pies

INGREDIENSER:
- 1 lb hakket oksekød (eller magert hakket lam)
- 6 spsk finthakket frisk rosmarin, delt
- 1 spsk olivenolie
- 1/2 gult løg, hakket
- 2 spsk smør
- 1 dynger spsk mel
- 8 oz oksebouillon
- Salt og friskkværnet sort peber
- 5 eller 6 store portobellosvampehætter (afrundede skålformede, ikke flade)

TOPPING:
- 2 store rødbrune bagekartofler, skrællet og skåret i store stykker
- 2 spsk smør
- 1/2 kop sødmælk
- Salt og peber efter smag

INSTRUKTIONER:
a) Indstil ovnen til 375°F.
b) Kom kartoflerne i en gryde med vand og bring dem i kog. Kog til kartoflerne er bløde.
c) Dræn kartoflerne og mos dem med smør og mælk, til de er glatte og cremet. Juster konsistensen med mere mælk, hvis det er nødvendigt. Smag til med salt og peber efter smag. Brug elpisker, hvis det er muligt. Dæk til og sæt til side.
d) Brun oksekød (eller lammekød) og 2 spsk rosmarin i en stegepande, og bryd kødet til en fin crumble, mens det steger. Fjern til en tallerken.
e) Tilsæt løgene i gryden og steg ved middel varme, indtil de begynder at blive brune. Tilsæt et strejf af olivenolie, hvis panden er for tør. Tag løgene ud på tallerkenen med kødet.
f) Tilsæt 2 spsk smør til gryden og lad det smelte. Rør melet i, kog i et par minutter, indtil det bliver flot brunt. Skrab alle stumperne op fra bunden af gryden, mens du rører.
g) Tilsæt oksebouillon til gryden, pisk hurtigt for at kombinere det hele, og kog indtil det tykner.
h) Tilsæt oksekødet og løgene tilbage i gryden, og dræn eventuelt overskydende fedt fra, før du tilføjer det. Smag til og juster krydderier.
i) Støv svampene af og fjern stilkene. Skrab forsigtigt gællerne ud med en ske for at skabe plads til kødet.
j) Hvis svampene er meget store, så læg dem på en tør bageplade og steg i ovnen i cirka 10 minutter. Fyld derefter hver champignon med kødblandingen.
k) Top hver champignon med en generøs mængde kartoffelmos og bag i cirka 15-20 minutter, indtil det hele er varmt og boblende.
l) Server straks med et generøst drys frisk rosmarin og en side af kogte ærter. God fornøjelse!

25. Grillede Portobello Steaks

INGREDIENSER:
- 4 store Portobello-svampehatte
- Barbecue sauce
- ½ tsk salt
- ¼ tsk Friskkværnet peber

INSTRUKTIONER:
a) Forbered grillen.
b) Tør svampehætter med køkkenrulle; pensl hver kasket med 1 Barbecuesauce og drys med salt og peber.
c) Arranger svampe med hætten nedad på grillen; telt med folie. Grill 3 til 5 minutter over medium-lave kul. Fjern folie; pensl hver champignon med 1 spsk sauce. Vend svampe og pensl med yderligere 1 spsk sauce.
d) Grill 3 til 5 minutter mere, indtil de er møre, når de gennembores med en gaffel. Server med resterende barbecuesauce, opvarmet, hvis det ønskes. Giver: 4 portioner.

26.Kylling Madeira med Portobello

INGREDIENSER:
- 4 store udbenede halvdele af kyllingebryst
- 8 ounce Portobellos; tykke skiver
- 1 kop universalmel
- 2 spsk Smør
- 2 spsk olivenolie
- Salt og friskkværnet peber efter smag
- 1 spsk frisk italiensk persille eller basilikum; hakket
- Fjedre af enten frisk italiensk persille eller basilikum
- ½ kop Tør Madeira vin
- ½ kop kyllingebouillon

INSTRUKTIONER:
a) Læg kyllingebryst et ad gangen mellem 2 ark vokspapir. Læg kyllingestykkerne, med den side, som skindet var fjernet fra, ned på det voksede papir og flad forsigtigt med en hammer.
b) Flad dem til omkring ¼-tommer tykkelse. At banke kyllingen har to formål; 1) at gøre brystet større, og vigtigst af alt 2) er at gøre tykkelsen ens, så tilberedningstiden bliver ensartet.
c) Kom mel, salt og peber på et rent stykke vokspapir. Beklæd hvert kyllingebryst med krydret mel; løft i den ene ende og ryst forsigtigt overskydende mel af. Læg hvert støvet stykke kylling på et andet stykke vokspapir, og lad dem ikke overlappe hinanden.
d) Smelt 2 tsk smør og 2 tsk olivenolie i en stor, dyb nonstick-gryde. Når smørret og olien er varme (bobler), tilsættes svampe. Sauter ved høj varme, indtil svampene er let brunede og bløde, og al væsken er fordampet. Fjern svampene fra panden og stil dem til side.
e) Krydr svampe med salt, peber og persille eller basilikum. Sæt stegepanden tilbage på medium-høj varme. Tilsæt resten af smør og olivenolie. Tilføj kylling til stegepanden og kog den afskindede side først.
f) Svits kyllingebryst 2-3 minutter på hver side. Må ikke overkoges. Overfør kyllingen til et stort fad og dæk med folie. ELLER Du kan også opbevare de kogte kyllingebryster i en varm ovn (150-200 grader) på et stort fad.

g) Når alle kyllingebryst er sauteret, hældes det overskydende fedt fra gryden, så der kun er et par dråber tilbage i gryden. Hæld vin og hønsebouillon i, og ved middel varme, skrab bunden af gryden, løs alle partikler, der klæber til bunden, og opløs dem i væsken. ELLER Du kan deglaze panden på den mere traditionelle måde. Tilsæt vin til stegepanden og sauter ved høj varme, indtil volumen er reduceret til det halve, cirka 2 til 3 minutter.

h) Tilsæt hønsebouillon og sauter ved høj varme, indtil volumen er reduceret til det halve, cirka 1 minut.

i) Kom portobelloerne tilbage i gryden. Smag til, og juster eventuelt krydderierne. Hæld sauce over kylling. Tjene.

j) Anret kyllingen på et fad pyntet med friske kviste af italiensk persille eller basilikum, hvilken krydderurt du end valgte at bruge i retten.

27.Luftstegte veganske svampebøffer

INGREDIENSER:
- 4 portobellosvampe, renset og stilke fjernet
- Knib salt efter smag
- 3 spsk olivenolie
- 2 tsk tamari sojasauce
- 1 tsk hvidløgspuré

INSTRUKTIONER:
a) Forvarm Air Fryer til 350F / 180C.
b) Kom tamari-sojasovsen, olivenolie, hvidløgspuré og salt i en skål.
c) Tilsæt svampene og vend.
d) Luftsteg svampene i en luftfriturekurv i 10 minutter .

28. Aubergine og Portobello Lasagne

INGREDIENSER:
- 1 pund blommetomater; kvarteret
- 1½ kop grofthakket fennikelløg
- 1 spsk Olivenolie
- Nonstick vegetabilsk olie spray
- 4 store japanske auberginer; trimmet, skåret på langs
- ⅓ Tommer tykke skiver
- 3 mellemstore Portobellosvampe; stilke trimmet; hætter skåret i skiver
- 1 spsk riseddike
- 3 kopper spinatblade; skyllet
- 4 Tynde skiver fedtfattig mozzarellaost
- 2 ristede røde peberfrugter fra krukke; afdryppet, skåret i strimler
- 8 store basilikumblade

INSTRUKTIONER:

a) Forvarm ovnen til 400°F. Arranger tomater og fennikel i 13x9x2-tommers glasfad. Dryp olie over; smid for at blande. Bages indtil fennikel er mør og begynder at brune, cirka 45 minutter. Fedt nok.

b) Spray 2 nonstick-bageplader med vegetabilsk oliespray. Arranger aubergine- og svampeskiver på forberedte plader. Bag indtil grøntsagerne er møre, cirka 30 minutter for aubergineskiver og 40 minutter for svampe. Purér tomatblandingen i processor. Overfør til en si sat over skålen. Tryk på faste stoffer for at udtrække væske; kassere faste stoffer. Rør eddike ud i væsken. Smag vinaigrette til med salt og peber.

c) Rør spinat i en stor nonstick-gryde over medium-høj varme, indtil den er visnet, cirka 1 minut. Fjern fra varmen.

d) Forvarm ovnen til 350°F. Spray fire 1¼-kops vanillecreme med vegetabilsk oliespray. Beklæd hvert fad med 2 aubergineskiver i krydsmønster.

e) Drys med salt og peber. Top hver med ¼ spinat. Top hver med 1 mozzarella skive. Arranger peberstrimler over, derefter basilikum og svampe.

f) Top med de resterende aubergineskiver, skær til at passe. Drys med salt og peber. Dæk hvert fad med folie.

g) Bag lasagner, indtil de er meget møre, cirka 25 minutter. Fjern folien. Brug en lille kniv til at skære rundt om grøntsagerne for at løsne dem. Vend på plader.

h) Hæld vinaigrette over.

29. Bagt Portobellos Romesco

INGREDIENSER:
- 6 ounce Portobello svampe
- ½ pund spaghetti
- Salt og peber
- ½ kop favorit bouillon
- 1 kop hakket løg
- 1 kop hakket rød peber eller aubergine, eller ½ kop hver
- 1 fed hvidløg, hakket
- 2 spsk Friskhakket persille
- 1 dåse (16 ounce) tomatsauce
- 1 tsk vegetarisk worcestershire sauce
- ½ tsk tørret oregano
- ¼ kop revet fedtfri parmesanost

INSTRUKTIONER:
a) Forvarm ovnen til at stege. Bring en stor gryde vand i kog. Rens svampe, krydr med salt og peber, og steg i et par minutter på begge sider.

b) Kog imens pastaen i kogende vand, indtil den er al dente. Skær svampene i lange strimler ca. ½ brede. Dræn pastaen, læg den i en ildfast fad let sprøjtet med Pam, og top med svampe. Sænk ovntemperaturen til 350 grader Fahrenheit.

c) Bring bouillon i kog i en stegepande.

d) Sauter løg, hvidløg, persille og peberfrugt/aubergine i bouillon i cirka fem minutter. Tilsæt tomatsauce, Worcestershiresauce og oregano og kog to minutter mere. Hæld pasta og svampe over. Drys med ost.

e) Dæk til og bag i cirka 30 minutter.

30. Pasta med svampespinat

INGREDIENSER:
- 3 spsk ekstra jomfru olivenolie
- ½ kop skalotteløg eller rødløg i tynde skiver
- kosher salt
- 10 ounce hvide knapsvampe, skåret i tykke stykker
- 8 ounce portobello-svampehætter, skåret i skiver
- 2 fed hvidløg, finthakket
- ½ tsk stødt rød chili
- Friskkværnet sort peber efter smag
- 8 ounce tørrede pappardelle eller fettuccine nudler
- ¼ kop rosé eller tør hvidvin
- 3 spsk smør
- ¼ kop revet parmesanost
- 5 ounce babyspinatblade

INSTRUKTIONER:
a) Bring en stor gryde med saltet vand i kog.

b) Placer en stor (12-tommer) pande over medium varme. Tilsæt olivenolie og skalotteløg til gryden sammen med ½ tsk kosher salt. Kog, indtil skalotteløgene er bløde, under jævnlig omrøring, cirka 5 minutter.

c) Tilsæt svampene i gryden i ét lag. Kog uforstyrret i 5 minutter, drys derefter med ½ tsk salt og rør dem rundt med skalotteløgene. Rør hvidløg, chili og sort peber i og fortsæt med at koge 5 minutter mere, eller indtil de er bløde og har frigivet deres saft.

d) Mens svampene koger, tilsæt pastaen til det kogende vand og kog efter pakkens anvisning. Dræne.

e) Hæv varmen under svampene til middelhøj og hæld vinen i. Lad det boble og kog i 2 minutter. Rør smørret i, indtil det smelter.

f) Tag gryden af varmen og tilsæt ¼ kop ost og spinat til gryden. Rør indtil bladene er visne.

g) Kom den kogte pasta i gryden og vend forsigtigt sammen med saucen. Server i skåle med ekstra ost drysset over pastaen. Hæld et glas vin og nyd!

31. Kylling Marsala Lasagne

INGREDIENSER:
- 12 lasagne nudler
- 4 tsk italiensk krydderi, delt
- 1 tsk salt
- ¾ pund udbenet skindfri kyllingebryst, i tern
- 1 spsk olivenolie
- ¼ kop finthakket løg
- ½ kop smør, i tern
- ½ pund skåret baby portobellosvampe
- 12 fed hvidløg, hakket
- 1½ dl oksebouillon
- ¾ kop Marsala vin, delt
- ¼ tsk groftkværnet peber
- 3 spsk majsstivelse
- ½ kop finthakket fuldt kogt skinke
- 1 karton (15 ounce) ricottaost
- 10-ounce pakke med frossen hakket spinat, optøet og tørret
- 2 kopper revet italiensk osteblanding
- 1 kop revet parmesanost, delt
- 2 store æg, let pisket

INSTRUKTIONER:

a) Kog nudler i henhold til pakkens anvisninger; dræne. Bland i mellemtiden 2 teskefulde italiensk krydderi og salt; drysses over kyllingebryst. I en stor stegepande opvarmes olien over medium-høj varme. Tilføj kylling; sauter indtil de ikke længere er lyserøde. Fjern og hold varmt.

b) I samme stegepande koges løg i smør ved middel varme i 2 minutter. Rør svampe i; kog indtil de er møre, 4-5 minutter længere. Tilsæt hvidløg; kog og rør i 2 minutter.

c) Rør bouillon, ½ kop vin og peber i; bring i kog. Bland majsstivelse og resterende vin indtil glat; røres i gryden. Bring i kog; kog og rør, indtil det er tyknet, cirka 2 minutter. Rør skinke og kylling i.

d) Forvarm ovnen til 350°. Kombiner ricottaost, spinat, italiensk osteblanding, ¾ kop parmesanost, æg og resterende italienske krydderier. Fordel 1 kop kyllingeblanding i en smurt 13x9-in. bage fad. Læg lag med 3 nudler, ca. ¾ kop kyllingeblanding og ca. 1 kop ricottablanding. Gentag lagene 3 gange.

e) Bages, tildækket, 40 minutter. Drys med resten af parmesanosten. Bages uden låg, indtil gryden er boblende og osten er smeltet, 10-15 minutter. Lad stå i 10 minutter før skæring.

32.Frikadeller af vilde svampe

INGREDIENSER:
- 2 tsk olivenolie
- 1 gult løg, finthakket
- 2 skalotteløg, pillede og hakkede
- ⅛ tsk salt
- 1 kop tørre shiitakesvampe
- 2 kopper Portobellosvampe
- 1 pakke Tofu
- ⅓ kop ristet hvedekim
- ⅓ kop panko
- 2 spsk Lite sojasovs
- 1 tsk Flydende røgsmag
- ½ tsk granuleret hvidløg
- ¾ kop hurtiglavet havre

INSTRUKTIONER:
a) Svits løg, skalotteløg og salt i olivenolie i cirka 5 minutter.
b) Stil blødgjorte shiitakesvampe, og hak dem med friske svampe i en foodprocessor. Tilføj til løg.
c) Kog i 10 minutter, omrør af og til for at undgå at klæbe.
d) Bland svampe med moset tofu, tilsæt de resterende ingredienser og bland godt.
e) Våde hænder for at forhindre at de klæber og formes til frikadeller.
f) Bages i 25 minutter, vend én gang efter 15 minutter.

33. Artiskok og Portobello Risotto

INGREDIENSER:
- 2 Globe artiskokker
- 2 spsk plantebaseret smør
- 1 citron
- 2 spsk olivenolie
- 1 Portobellosvamp
- 2½ kop grøntsagsfond
- 1 løg; hakket
- 1 kop tør hvidvin
- 2 fed hvidløg; hakket
- Salt og peber; at smage
- 1 kop Arborio ris
- 1 spsk Persille; hakket

INSTRUKTIONER:
a) Saft ½ citron i en skål og tilsæt nok vand til at dække artiskokken.
b) Skær svampen i kvarte.
c) Skær svampene meget tynde.
d) Rør reserverede artiskokker, skivede svampe og persille i.
e) Mikrobølgeovn.

34. Portobello svampe Enchiladas

INGREDIENSER:
- 2 spsk olivenolie
- 4 portobellosvampe, skåret i skiver
- 1 løg, hakket
- 2 fed hvidløg, hakket
- 1 dåse (15 ounce) sorte bønner, drænet og skyllet
- 1 tsk stødt spidskommen
- Salt og peber efter smag
- 8-10 majstortillas
- 1 ½ kopper revet Monterey Jack ost
- 1 dåse (15 ounce) enchiladasauce

INSTRUKTIONER:
a) Forvarm ovnen til 350°F.
b) I en stor stegepande opvarmes olivenolien over medium-høj varme.
c) Tilsæt portobellosvampe i skiver til stegepanden og sauter indtil de er møre og brune, cirka 5-7 minutter.
d) Tilsæt det hakkede løg og hvidløg i gryden og svits indtil dufter, cirka 2-3 minutter.
e) Tilsæt de sorte bønner, spidskommen, salt og peber i gryden og rør, indtil det er godt blandet.
f) Varm majstortillaerne i mikroovnen eller på en bageplade, indtil de er bløde og smidige.
g) Hæld en lille mængde enchiladasauce i bunden af en 9x13-tommers bageplade.
h) Læg en generøs skefuld af blandingen af svampe og sorte bønne på hver tortilla og rul stramt sammen.
i) Læg de sammenrullede tortillas med sømsiden nedad i bageformen.
j) Hæld den resterende enchiladasauce over toppen af enchiladaerne.
k) Drys den revne Monterey Jack-ost over toppen af enchiladaerne.
l) Bag i den forvarmede ovn i 20-25 minutter, eller indtil osten er smeltet og boblende.
m) Pynt med frisk koriander og server varm.

35. Semolina Gnocchi Med Portobellosvampe

INGREDIENSER:
- 1 kop semulje gnocchi
- 2 Portobello-svampe i skiver
- 1 tomat, i tern
- Olivenolie til stegning
- Salt og peber efter smag

INSTRUKTIONER:
a) Kog semuljegnocchien efter anvisning på pakken indtil de flyder op til overfladen. Dræn og sæt til side.
b) Varm olivenolie i en stegepande over medium varme.
c) Tilsæt de skåret Portobello-svampe og hakket tomat i gryden. Kog indtil svampene er møre og tomaten slipper saften.
d) Tilsæt de kogte gnocchi til stegepanden og steg, indtil de er gyldenbrune og sprøde.
e) Smag til med salt og peber efter smag.
f) Tjene.

36.Tacos med mikrogrønt & gedeost

INGREDIENSER:
- 4 portobellosvampehatte, stilke fjernet
- 1 chipotle peber i adobo sauce
- 2 poblano peberfrugter
- 2 røde peberfrugter
- 2 spsk olivenolie
- 2 tsk kosher salt
- 4 ounce gedeost
- 1 lime, presset
- 10 4-tommers majstortillas, ristede

GARNISH:
- Spicy mikrogrønt
- Ekstra limebåde
- Hakket koriander
- Queso fresco

INSTRUKTIONER:
a) Forvarm grillen til omkring 500-600 grader.
b) Bland den røde peberfrugt, poblano-peber og champignonhatte med salt og olie.
c) Grill grøntsagerne i 8 minutter.
d) Stil til side til afkøling.
e) Når grøntsagerne er afkølet, skærer du dem i tynde strimler, og kasserer pebertoppe og frø.
f) Rens gedeost, chipotlepeber og limesaft i en foodprocessor, mens grøntsagerne grilles.
g) Læg de grillede grøntsager i tortillaerne, top med mikrogrønt, og dryp med gedeostpålæg.
h) Server med limebåde.

37.Sellerirod Ravioli Med Selleri/Svampefyld

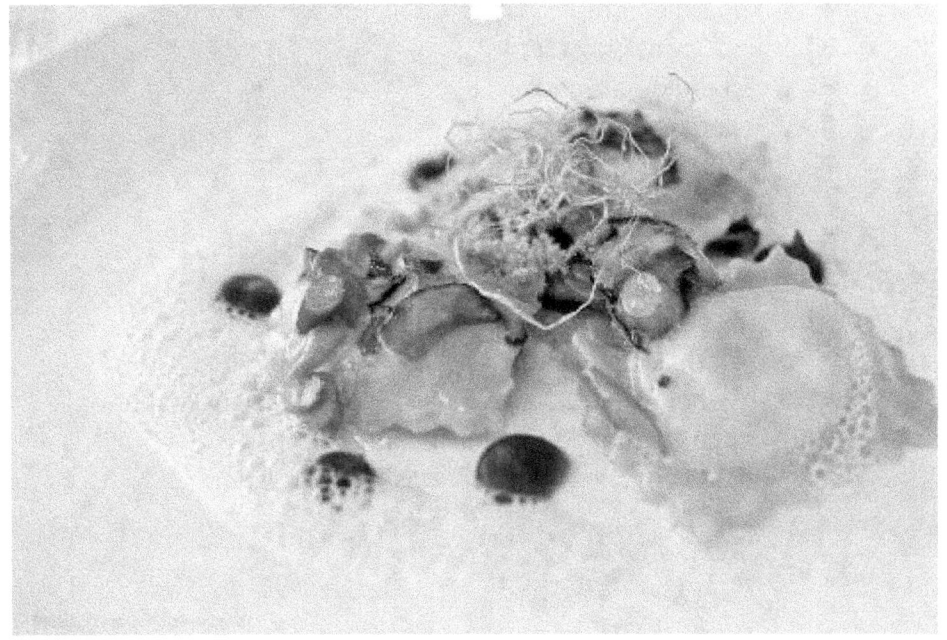

INGREDIENSER:
- ½ kop gulerod i tern
- ½ kop selleri i tern
- ½ kop Spansk løg i tern
- 6 teskefulde olivenolie
- 2 Sellerirødder; skrællet
- 3 Portobellosvampe
- Salt og peber
- 1 kop hvidløg
- 1 kvist rosmarin
- 1 stilk selleri; i tern
- 1 spsk skalotteløg i tern
- 2 spsk hakkede friske krydderurter (f.eks. persille, purløg)
- 2 kopper fladbladede persilleblade
- 1 opskrift rødvin reduktion; opskriften følger

INSTRUKTIONER:
a) Karamelliser gulerødder, selleri og løg i en mellemstor gryde i 2 teskefulde olivenolie.
b) Tilsæt selleriroden, dæk tre fjerdedele af vejen med vand, og dæk gryden. Steg langsomt i 45 til 60 minutter eller indtil de er møre.
c) Fjern selleriroden fra braisevæsken og afkøl helt. Gem braiseringsvæsken. Skær selleriroden til firkantet - og skær papiret i tynde skiver. Rens Portobello-svampene ved at fjerne stilkene og den mørkebrune underside.
d) Skær i kvarte, krydr med salt og peber, og dryp med 2 tsk olivenolie. Kom i en ovnfast gryde med hvidløg og rosmarin og dæk med alufolie.
e) Bages ved 350 grader i 30 til 40 minutter, eller indtil de er møre. I en mellemstor sauterpande sauteres selleri og skalotteløg i tern i 1 tsk olivenolie. Skær de ristede svampe i tern og vend dem med selleriblandingen og krydderurterne.
f) I en sauterpande, vis den italienske persille i 1 tsk af olivenolien og 1 spsk af braiseringsvæsken.
g) Læg sellerirodskiverne på en bageplade med et skvæt af braiseringsvæsken, krydr med salt og peber, og bag ved 350 grader i 3 til 4 minutter for at genopvarme. Læg 1 skive af selleriroden på en tallerken og top med svampe- og selleriblandingen.
h) Læg et stykke af persillen ovenpå og dæk med endnu et stykke af selleriroden. Pres kanterne af selleriroden sammen og læg små knivspidser braiseret italiensk persille i hvert hjørne.
i) Dryp med rødvinsreduktion rundt om kanterne på hver tallerken.

38.Kastanje og sød kartoffel gnocchi

INGREDIENSER:
GNOCCHI
- 1 + ½ kop ristet sød kartoffel
- ½ kop kastanjemel
- ½ kop sødmælksricotta
- 2 tsk kosher salt
- ½ kop glutenfrit mel
- Hvid peber efter smag
- Røget paprika efter smag

SVAMPE & KASTANJE RAGU
- 1 kop knapsvamp, skåret i 4
- 2-3 portobellosvampe, skåret i fine strimler
- 1 bakke shimeji-svampe (hvide eller brune)
- ⅓ kop kastanje, i tern
- 2 spsk smør
- 2 skalotteløg, finthakket
- 2 fed hvidløg, finthakket
- 1 tsk tomatpure
- Hvidvin (efter smag)
- Kosher salt (efter smag)
- 2 spsk frisk salvie, finthakket
- Persille efter smag

AT FÆRDIGGØRE
- 2 spsk olivenolie
- Parmesanost (efter smag)

INSTRUKTIONER:
GNOCCHI
a) Forvarm ovnen til 380 grader.
b) Stik de søde kartofler igennem med en gaffel.
c) Læg de søde kartofler på en bageplade med kant og steg i cirka 30 minutter, eller indtil de er møre. Lad afkøle lidt.
d) Skræl de søde kartofler og kom dem over i en foodprocessor. Purér indtil glat.
e) Kombiner de tørre ingredienser (kastanjemel, salt, glutenfrit mel, hvid peber og røget paprika) i en stor skål, og hold dem ved siden af.

f) Overfør sød kartoffelpuré til en stor skål. Tilsæt ricottaen og tilsæt ¾ af den tørrede blanding. Overfør dejen til en stærkt meldrysset arbejdsflade og ælt forsigtigt mere mel i, indtil dejen samles, men stadig er meget blød.

g) Del dejen i 6-8 stykker og rul hvert stykke til et 1 tomme tykt reb.

h) Skær rebene i 1-tommers længder og drys hvert stykke med glutenfrit mel.

i) Rul hver gnocchi mod tænderne på en meldrysset gaffel for at lave små fordybninger.

j) Opbevar det på en bakke i køleren, indtil du er klar til at bruge det.

SVAMPE & KASTANJE RAGU

k) Smelt smørret i en varm pande og tilsæt et nip salt.

l) Tilsæt skalotteløg, hvidløg og salvie og svits i 10 minutter, indtil skalotteløgene er gennemsigtige.

m) Tilsæt alle svampene og sauter ved høj varme under konstant omrøring.

n) Tilsæt tomatpure og hvidvin og lad det reducere til svampene er bløde og møre.

o) Top raguen med friskhakket persille og kastanjer i tern. Sæt til side.

AT FÆRDIGGØRE

p) Bring en stor gryde med saltet vand i kog. Tilsæt sød kartoffel gnocchi og kog indtil de flyder til overfladen, cirka 3-4 minutter.

q) Brug en hulske til at overføre gnocchierne til en stor tallerken. Gentag med de resterende gnocchi.

r) Smelt 2 spsk olivenolie i en stor sauterpande.

s) Tilsæt gnocchi, under omrøring forsigtigt, indtil gnocchi er karamelliseret.

t) Tilsæt champignon Ragu og tilsæt et par spiseskefulde af gnocchivandet.

u) Rør forsigtigt og lad det koge i 2-3 minutter ved høj varme.

v) Server med et drys parmesanost på toppen.

39. Soltørret tomat og feta Portobellos

INGREDIENSER:
- 4 store Portobello-svampe
- ½ kop smuldret fetaost
- ¼ kop hakkede soltørrede tomater
- ¼ kop hakket frisk persille
- 1 fed hvidløg, hakket
- ¼ kop brødkrummer
- Salt og peber efter smag

INSTRUKTIONER:
a) Forvarm ovnen til 375°F.
b) Rens Portobello-svampene og fjern stilkene.
c) I en skål blandes smuldret fetaost, hakkede soltørrede tomater, hakket frisk persille, hakket hvidløg, rasp, salt og peber sammen.
d) Fyld hver svamp med blandingen.
e) Læg fyldte svampe på en bageplade.
f) Bages i 20-25 minutter eller indtil svampene er møre og osten er smeltet.
g) Serveres varm.

40.Svampetacos med chipotlecreme

INGREDIENSER:
- 1 mellemstor rødløg, skåret i tynde skiver
- 1 stor portobello-svampe, skåret i ½-tommers tern
- 6 fed hvidløg, hakket
- Havsalt efter smag
- 12 6-tommer majstortillas
- 1 kop Chipotle flødesauce
- 2 kopper strimlet romainesalat
- ½ kop hakket frisk koriander

INSTRUKTIONER:
a) Varm en stor stegepande op over medium-høj varme.
b) Tilsæt rødløg og portobellosvampe, og steg i 4 til 5 minutter.
c) Tilsæt vand 1 til 2 spiseskefulde ad gangen for at forhindre, at løg og svampe klæber.
d) Tilsæt hvidløg og steg i 1 minut. Smag til med salt.
e) Mens svampene koger, tilsæt 4 tortillas til en nonstick-gryde og opvarm dem i et par minutter, indtil de er bløde.
f) Vend dem og varm dem i 2 minutter mere. Fjerne

41. Tomat Risotto & Portobellosvamp

INGREDIENSER:
- 1 pund Friske tomater; halveret og frøet
- Dryp olivenolie
- Salt
- Friskkværnet sort peber
- 4 Portobellosvampe; opstammet og renset
- 1 pund vegansk ost; skåret i skiver
- 1 spsk Olivenolie
- 1 kop hakkede løg
- 6 kopper vand
- 1 tsk hakket hvidløg
- 1 pund Arborio ris
- 1 spsk Usaltet plantebaseret smør
- ¼ kop plantebaseret tung creme
- 3 spsk hakkede grønne løg

INSTRUKTIONER:

a) Forvarm grillen til 400 grader. I en røreskål, smid tomaterne med olivenolie, salt og peber. Placer på grillen og steg i 2 til 3 minutter på hver side. Fjern fra grillen og stil til side. Forvarm ovnen til 400 grader.

b) Læg portobellosvampen på en bageplade beklædt med bagepapir, hulrummet op. Dryp begge sider af svampene med olivenolie.

c) Krydr begge sider med salt og peber. Luft en fjerdedel af den veganske ost over hvert hulrum i svampen.

d) Sæt i ovnen og kog indtil svampene er møre og osten er boblende ca. 10 minutter. Varm olivenolien op i en sauterpande ved moderat varme.

e) Tilsæt løgene. Smag til med salt og peber. Sauter indtil løgene er lidt bløde, cirka 3 minutter.

f) Tilsæt vand og hvidløg. Bring blandingen i kog, reducer varmen til medium og lad det simre i cirka 6 minutter.

g) Tilsæt risene og lad det simre under konstant omrøring, indtil blandingen er cremet og boblende, cirka 18 minutter. Rør plantebaseret smør, plantebaseret fløde, vegansk ost og grønne løg i.

h) Lad det simre i cirka 2 minutter, under konstant omrøring. Tag af varmen og rør tomaterne i. Til servering skæres hver portobello i kvarte. Hæld risottoen i hvert serveringsfad. Læg 2 skiver portobello oven på risottoen.

i) Pynt med persille.

42. Gulasch af svampe

INGREDIENSER:
- 1 spsk olivenolie
- 1 stort gult løg, hakket
- 3 fed hvidløg, hakket
- 1 stor rødbrun kartoffel, skåret i 1/2-tommers terninger
- 4 store Portobello-svampe, skyllet let, tørrede og skåret i 1-tommers stykker
- 1 spsk tomatpure
- 1/2 kop tør hvidvin
- 11/2 spsk sød ungarsk paprika
- 1 tsk kommenfrø
- 1 1/2 kopper frisk eller dåse surkål, drænet
- 1 1/2 dl grøntsagsbouillon, hjemmelavet (se let grøntsagsbouillon) eller købt i butik, eller vand Salt og friskkværnet sort peber
- 1/2 kop vegansk creme fraiche, hjemmelavet (se Tofu creme fraiche) eller købt i butikken

INSTRUKTIONER:
a) I en stor gryde varmes olien op over medium varme. Tilsæt løg, hvidløg og kartofler. Dæk til og kog indtil de er bløde, cirka 10 minutter.
b) Tilsæt svampene og kog uden låg i 3 minutter længere. Rør tomatpure, vin, paprika, kommenfrø og surkål i. Tilsæt bouillonen og bring det i kog, reducer derefter varmen til lav og smag til med salt og peber.
c) Dæk til og lad det simre, indtil grøntsagerne er bløde og smagen er udviklet, cirka 30 minutter.
d) Hæld cirka 1 kop væske i en lille skål. Tilsæt cremefraiche under omrøring for at blande. Rør cremefraicheblandingen tilbage i gryden og smag til, tilpas eventuelt krydderier.
e) Server straks.

43.Portobellos indpakket i wienerbrød

INGREDIENSER:
- 5 store Portobello-svampe, skyllet let og tørret
- 2 spsk olivenolie
- 1 mellemstor bundt grønne løg, hakket
- 1/2 kop finthakkede valnødder
- 1 spsk sojasovs
- 1/2 kop tørre, ukrydrede brødkrummer
- 1/2 tsk tørret timian
- Salt og friskkværnet sort peber
- 1 ark frossen butterdej, optøet

INSTRUKTIONER:

a) Stil svampene og gem dem. Skrab forsigtigt gællerne ud af svampene og stil 4 af svampehattene til side. Hak den femte champignon og de reserverede stilke og sæt til side.

b) I en stor stegepande opvarmes 1 spsk af olien over medium varme. Tilsæt de hakkede svampe, grønne løg og valnødder, og kog under omrøring i 5 minutter. Overfør til en stor skål og stil til side til afkøling.

c) I samme stegepande opvarmes den resterende 1 spsk olie. Tilsæt de reserverede svampehætter og kog indtil de er bløde lidt. Drys med sojasovs og kog indtil væsken fordamper. Sæt til side på køkkenrulle til afkøling og dræn eventuelt væske.

d) Tilsæt brødkrummer, timian og salt og peber til den kogte svampeblanding. Bland godt, og stil derefter til side, indtil det er helt afkølet. Forvarm ovnen til 425°F.

e) Fold butterdejspladen ud på en let meldrysset arbejdsflade og kvarte. Rul hvert stykke wienerbrød lidt ud for at lave en 5-tommers firkant.

f) Centrer hver champignonhætte på en kagefirkant med gællesiden opad. Tryk en fjerdedel af farseblandingen ind i hver svampehætte. Fold dejen over hver svamp for at omslutte, overlappende lidt. Tryk kanterne sammen for at forsegle. Læg bundterne med sømsiden nedad på en bageplade.

g) Brug en lille kniv til at skære et par små dampåbninger i toppen af kagen.

h) Bag til dejen er gyldenbrun, cirka 12 minutter.

i) Server straks.

44. Kartofler og artiskok-fyldte Portobello-svampe

INGREDIENSER:
- 1 pund Yukon Gold kartofler, skrællet og skåret i 1/2-tommers terninger
- 1 spsk vegansk margarine
- 2 spsk ernæringsgær
- Salt og friskkværnet sort peber
- 1 1/2 kopper dåse eller kogte frosne artiskokhjerter
- 2 spsk olivenolie
- 1/2 kop hakket løg
- 3 fed hvidløg, hakket
- 1 tsk hakket frisk timian eller 1/2 tsk tørret
- 4 store Portobello-svampehætter, let skyllet og tørret

INSTRUKTIONER:
a) Damp kartoflerne til de er møre, cirka 15 minutter. Overfør de dampede kartofler til en stor skål. Tilsæt margarine, næringsgær og salt og peber efter smag. Mos godt. Hak de kogte eller dåse artiskokhjerter fint og kom dem i kartoflerne. Rør for at kombinere og sæt til side.
b) Forvarm ovnen til 375°F. Olie let en 9 x 13-tommer bradepande og sæt til side. I en stor stegepande opvarmes 1 spsk af olien over medium varme. Tilsæt løget, læg låg på og kog indtil det er blødt, cirka 5 minutter.
c) Tilsæt hvidløg og steg uden låg i 1 minut længere. Tilsæt timian og salt og peber efter smag. Kog i 5 minutter for at blande smagene.
d) Rør løgblandingen i kartoffelblandingen og bland indtil godt blandet.
e) Brug kanten af en teske til at skrabe ud og kassere de brune gæller fra undersiden af svampehattene. Hæld forsigtigt farseblandingen ind i svampehætterne, pak dem tæt og glat toppene.
f) Overfør de fyldte svampe til den forberedte bradepande og dryp med den resterende 1 spsk olie.
g) Drys med paprika, dæk tæt med folie, og bag indtil svampene er bløde og farsen er varm, cirka 20 minutter.
h) Afdæk og kog indtil fyldet er let brunet, cirka 10 minutter længere. Server straks.

45.Svinekødspølser med svampe

INGREDIENSER:
- 2 store Portobello-svampe
- 6 oz. svinepølser
- ½ kop marinara sauce
- ½ kop sødmælk ricottaost
- ½ kop sødmælksmozzarellaost, revet
- ¼ kop persille, hakket

INSTRUKTIONER:
a) Fyld hver svamp med svinepølse.
b) Læg ricottaosten over pølserne og skær en bule i midten.
c) Dryp marinarasaucen over ricottaosten.
d) Dæk med mozzarellaost på toppen, og læg svampene i instant-gryden.
e) Sæt låget på, vælg 'manuel' funktion og kog i 35 minutter ved højt tryk.
f) 'Slip naturlig' dampen, og fjern derefter låget.
g) Server straks.

46. Græskar Farro Pilaf med Portobellos

INGREDIENSER:
- 1 kop hurtig madlavning farro
- 1 kop sukker græskar, skåret i 1/2 tomme stykker
- 1 kop portobellosvampe, hakket
- 1 mellemstor løg
- 2 kopper hønsebouillon
- 3 fed hakket hvidløg
- 1 spsk olivenolie
- 1/2 tsk gurkemeje
- 1/4 tsk røget paprika
- parmesan ost
- salt og peber efter smag

INSTRUKTIONER:
a) Tilsæt olivenolie og løg i en stor stegepande. Sauter i 5-7 minutter ved middel lav varme, indtil de er let brunede og karamelliserede
b) Og græskar, svampe, røget paprika og hvidløg. Fortsæt med at sautere i 5 minutter, indtil svampene er bløde.
c) Tilsæt farro, salvie og 2 kopper kyllingebouillon (veggiebouillon, hvis den er vegansk). Lad det simre ved middel lav varme i 15 minutter, indtil væsken er gennemblødt farro. Sluk og dæk med låg. Lad det dampe i yderligere 10 minutter.
d) Smag til med salt og peber efter smag. Fnug med gaffel, top med parmesanost og mere salvie.

47.Grillet pølse og Portobello

INGREDIENSER:
- 2 pund Tomater; halveret
- 1 stor Portobello-svamp
- 1 spsk vegetabilsk olie
- 1 tsk salt; delt op
- 1 pund søde italienske pølser
- 2 spsk olivenolie
- 1 tsk hakket hvidløg
- ¼ teskefuld timian
- ¼ tsk Friskkværnet peber
- 1 pund Rigatoni

INSTRUKTIONER:
a) Varm grill
b) Pensl tomater og svampe med vegetabilsk olie og krydr med ½ tsk salt. Grill ved moderat varm varme, indtil de er møre, 5 til 10 minutter for tomater og 8 til 12 minutter for svampe, roter en gang. Grill pølser 15 til 20 minutter, roter en gang.
c) Skær tomater i tern; segment pølser og svampe; Skift til stort fad. Rør olivenolie, hvidløg, den resterende ½ tsk salt, timian og peber i.
d) Bland med varm rigatoni.

48. Portobello Florentine

INGREDIENSER:
- 1 portion grillede Portobello-svampe
- 2 kopper blomkålsbuketter (fra ½ af et mellemstort hoved)
- ¼ kop grøntsagsfond eller grøntsagsbouillon med lavt natriumindhold
- 2 spsk frisk citronsaft
- ⅛ teskefuld cayennepeber
- 1 pund frisk spinat
- Salt og friskkværnet sort peber efter smag

INSTRUKTIONER:

a) Kom blomkål, grøntsagsfond, citronsaft og cayennepeber i en mellemstor gryde og bring det i kog ved høj varme. Reducer varmen til medium og kog indtil blomkålen er mør, cirka 8 til 10 minutter. Purér blandingen med en stavblender, eller kom den over i en blender med tætsluttende låg og dæk den til med et håndklæde, purér til cremet, og kom blomkålshollandaisen tilbage i gryden for at holde den varm.

b) Tilsæt spinaten i en stor gryde med ¼ kop vand. Kog, tildækket, ved middel-lav varme, indtil spinaten visner. Afdryp og smag til med salt og peber.

c) Til servering skal du placere en Grillet Portobello-svamp på hver af fire individuelle tallerkener og dele spinaten mellem svampene. Hæld saucen over spinaten og server varm.

49. Goji bær og spinat fyldte svampe

INGREDIENSER:
- Store svampe (såsom cremini eller portobello)
- 1 kop frisk spinat, hakket
- 1/4 kop gojibær
- 1/4 kop brødkrummer
- 2 spsk revet parmesanost
- 2 spsk hakket frisk persille
- Salt og peber efter smag

INSTRUKTIONER:
a) Forvarm ovnen til 375°F (190°C) og beklæd en bageplade med bagepapir.
b) Fjern stilkene fra svampene og stil dem til side.
c) I en skål kombineres hakket spinat, gojibær, brødkrummer, parmesanost, persille, salt og peber.
d) Fyld hver svampehætte med spinat- og gojibærblandingen.
e) Læg de fyldte svampe på den forberedte bageplade.
f) Bages i 15-20 minutter eller indtil svampene er møre og fyldet er gyldenbrunt.
g) Tag dem ud af ovnen og lad dem køle lidt af inden servering.

50.Portobellos, rejer og Farro skåle

INGREDIENSER:
- 1 kop (165 g) perlefarvet farro
- 2½ kopper (590 ml) vand
- Kosher salt og friskkværnet peber
- 2 store portobello-svampehatte, skåret i ½-tommer (1,3 cm) tykke skiver
- 2 mellemstore zucchini, skåret i ½ tomme (1,3 cm) tykke runder
- 1 rød peberfrugt, udkeret og skåret i tynde skiver
- 3 spiseskefulde (45 ml) avocado eller ekstra jomfru olivenolie, delt
- 2 spiseskefulde (30 ml) balsamicoeddike
- 1 tsk (6 g) honning 2 fed hvidløg, hakket
- 1 pund (455 g) rejer, pillet og udvundet
- Mikrogrønt
- ½ kop (120 ml) avocadosauce

INSTRUKTIONER:

a) Forvarm ovnen til 400°F (200°C eller gasmærke 6).

b) Tilsæt farro, vand og en generøs knivspids salt til en mellemstor gryde. Bring det i kog, reducer derefter varmen til lav, læg låg på og lad det simre, indtil farroen er mør med en let tygning, cirka 30 minutter.

c) I mellemtiden slynger du svampe, zucchini og peberfrugt med 2 spsk (30 ml) olie, salt og peber. Fordel i et enkelt lag på en bageplade med kant. Steg indtil de er møre og let brune, cirka 20 minutter, mens du vender halvvejs igennem.

d) Pisk balsamicoeddike og honning sammen i en lille skål; sæt til side. Opvarm den resterende 1 spsk (15 ml) olie i en stor stegepande over medium-høj varme. Tilsæt hvidløg og kog under konstant omrøring, indtil dufter, cirka 30 sekunder. Hæld balsamico- og honningblandingen i, tilsæt rejerne og rør rundt. Kog, vend lejlighedsvis, indtil den er uigennemsigtig og gennemstegt, 3 til 5 minutter.

e) For at servere skal du dele farroen mellem skåle. Top med ristede grøntsager, rejer og mikrogrønt, og dryp derefter med avocadosauce.

51.Svampe oksekød Carbonnade

INGREDIENSER:
- 2 spsk plus 1-1/2 tsk rapsolie, delt
- 1-1/2 pund oksekød gryderet, skåret i 1-tommers terninger
- 3/4 tsk salt
- 1/4 tsk plus 1/8 tsk peber
- 3 mellemstore løg, hakket
- 1-1/4 pund portobello-svampe, stilke fjernet, skåret i 3/4-tommers terninger
- 4 fed hvidløg, hakket
- 2 spsk tomatpure
- 1/2 pund friske babygulerødder
- 1 tyk skive daggammelt rugbrød, smuldret (ca. 1-1/2 kop)
- 3 laurbærblade
- 1-1/2 tsk tørret timian
- 1 tsk oksebouillongranulat
- 1 flaske (12 ounce) lys øl eller oksebouillon
- 1 kop vand
- 1 ounce bittersød chokolade, revet

INSTRUKTIONER:

a) Drej varmen til 325 ° for at forvarme. Opvarm 2 spsk olie i en ovnsikker hollandsk ovn over medium-høj varme. Krydr oksekød med peber og salt; kog i omgange, indtil de er brune. Tag kogt oksekød ud med en hulske. Sænk varmen til medium. Sauté løg i dryp under jævnlig omrøring i ca. 8 minutter, indtil de er mørke gyldenbrune. Bland den resterende olie i; tilsæt hvidløg og svampe.

b) Sauter indtil væsken er frigivet og svampe begynder at blive brune.

c) Bland i tomatpure.

d) Tilsæt bouillon, timian, laurbærblade, brød og gulerødder. Hæld vand og øl i; rør godt for at løsne brunede stykker fra panden. Bring i kog; tilsæt oksekød tilbage til gryden.

e) Dæk til og bag fra 2 timer til 2 timer og 15 minutter, indtil kødet er mørt. Tag panden ud; fjerne laurbærblade. Bland chokoladen i, indtil den er smeltet.

52.Northwoods Oksekødsstuvning

INGREDIENSER:
- 3 store gulerødder, skåret i 1-tommers stykker
- 3 selleri ribben, skåret i 1-tommer stykker
- 1 stort løg, skåret i tern
- 1/4 kop universalmel
- 1/2 tsk salt
- 1/4 tsk peber
- 3-1/2 pund oksekød gryderet
- 1 dåse (10-3/4 ounce) kondenseret tomatsuppe, ufortyndet
- 1/2 kop tør rødvin eller oksebouillon
- 2 spsk hurtigkogende tapioka
- 1 spsk italiensk krydderi
- 1 spsk paprika
- 1 spsk brun farin
- 1 spsk oksebouillongranulat
- 1 spsk Worcestershire sauce
- 1/2 pund skåret baby portobellosvampe
- Varme kogte ægnudler

INSTRUKTIONER:
a) Placer løg, selleri og gulerødder i en 5-quart langsom komfur. Kombiner peber, salt og mel i en stor genlukkelig plastikpose. Tilføj et par stykker oksekød ad gangen, og ryst, indtil det er dækket. Placer belagt oksekød over grøntsager.
b) Kombiner Worcestershire sauce, bouillon, brun farin, paprika, italiensk krydderi, tapioca, vin og suppe i en lille skål. Hælde
c) blandingen over toppen.
d) Kog, tildækket, på lav indstilling, indtil oksekød og grøntsager er møre, ca. 8 til 10 timer, og tilsæt svampe i løbet af den sidste time. Server sammen med nudler.

53.Dragefrugt fyldte Portobellosvampe

INGREDIENSER:
- 4 store Portobello-svampe
- 1 dragefrugt, skrællet og skåret i tern
- 1 kop kogt quinoa eller ris
- 1/4 kop smuldret fetaost
- 2 spsk hakket frisk basilikum
- 2 spsk balsamico glasur
- Salt og peber efter smag

INSTRUKTIONER:
a) Forvarm ovnen til 375°F (190°C).
b) Fjern stilkene fra Portobello-svampene og rens dem.
c) Kombiner dragefrugt i tern, kogt quinoa eller ris, smuldret fetaost, hakket frisk basilikum, balsamicoglasur, salt og peber i en skål.
d) Bland godt, indtil alle ingredienser er kombineret.
e) Fyld hver Portobello-svamp med dragefrugtblandingen.
f) Læg de fyldte svampe på en bageplade beklædt med bagepapir.
g) Bages i den forvarmede ovn i 20-25 minutter eller indtil svampene er møre og fyldet er gennemvarmet.
h) Server de fyldte Portobello-svampe som en smagfuld og mættende hovedret.

54. Svampeost-bøffer

INGREDIENSER:
- 2 spsk usaltet smør
- 1 stort gult løg, skåret i tynde skiver
- 1 spsk sojasovs med lavt natriumindhold
- 4 Portobello-svampe i skiver
- 2 fed hvidløg, finthakket
- 2 poblano peberfrugter, skåret i skiver
- 1 rød peberfrugt, skåret i skiver
- 1 spsk hakket frisk oregano
- Kosher salt og friskkværnet peber
- 4 hoagieruller, halveret
- 4 skiver provolone ost
- Yum Yum sauce

INSTRUKTIONER:
a) Kombiner smør, løg og sojasovs i slow cooker-gryden. Tilsæt svampe, hvidløg, poblano peberfrugt, peberfrugt, oregano og en knivspids salt og peber. Dæk til og kog, indtil grøntsagerne er møre, cirka 4 timer ved lav temperatur, 2 til 3 timer ved høj temperatur.
b) Forvarm ovnen til 400°F.
c) Fordel svampe og peberfrugt mellem hoagie-rullerne og top med provolone-ost. Pak hver hoagie ind i et stykke bagepapir, derefter i folie, og sæt den direkte på ovnristen, indtil osten er smeltet, cirka 5 minutter.
d) Server straks, med yum yum sauce ved siden, hvis det ønskes.

55.Grillede svampe med fennikelslaw og løgringe

INGREDIENSER:
- 100 ml barbecue sauce
- 2 tsk chipotle pasta
- 4 Portobello-svampe, stilke fjernet
- Vegetabilsk olie, til stegning
- Til fennikelsalaten
- 80 g fennikel, fint skåret
- 80 g rødkål, fintrevet
- 80 g gulerod, revet
- 3 spsk mayonnaise
- 1 spsk hvidvinseddike
- Havsalt og friskkværnet sort peber
- Til løgringene
- 150 g selvhævende mel
- 1 tsk tørret timian
- 1 tsk hvidløgsgranulat
- 225 ml koldt brusende vand
- 1 lille løg, pillet og skåret tykt i ringe

INSTRUKTIONER:

a) Forvarm ovnen til 200°C/180°C blæser/gas 6. Sæt en stegepande over høj varme.

b) Bland barbecuesaucen og chipotlepastaen sammen i en skål. Brug en wienerbrødspensel til at overtrække begge sider af svampene med sauceblandingen. Læg svampene på bagepladen i 2-3 minutter på hver side, eller indtil de har forkullede linjer.

c) Kom imens alle grøntsagerne til slawen i en stor skål med mayonnaise og eddike. Smag til med salt og peber, rør godt rundt og stil til side.

d) Overfør svampene til en bradepande sammen med eventuel barbecuesauce, der er tilbage i skålen. Sæt i ovnen i 10-12 minutter.

e) Fyld en lille pande halvt med vegetabilsk olie og sæt den over høj varme.

f) Kom imens mel, timian og hvidløg i en skål og smag til med salt og peber. Pisk det mousserende vand i for at lave en dej, tilsæt derefter løgringene og rør forsigtigt, så det dækker.

g) Når olien har nået 180-190°C, eller en dråbe dej syder med det samme, tilsæt forsigtigt fire eller fem løgringe ad gangen og steg i 2-3 minutter, eller indtil de er gyldenbrune på begge sider. Afdryp på køkkenpapir og kog de resterende ringe på samme måde.

h) Fordel champignon, coleslaw og løgringe mellem serveringsplader. Drys ringene med lidt ekstra salt inden servering.

56.Tomat Risotto Og Svampe

INGREDIENSER:
- 1 pund Friske tomater; halveret og frøet
- Dryp olivenolie
- Salt
- Friskkværnet sort peber
- 4 medier Portobello svampe; opstammet og renset
- 1 pund Frisk mozzarella ost; skåret i skiver
- 1 spiseskefuld Olivenolie
- 1 kop Hakkede løg
- 6 kopper Vand
- 1 tsk Hakket hvidløg
- 1 pund Arborio ris
- 1 spiseskefuld Usaltet smør
- ¼ kop Tung creme
- ½ kop Friskrevet Parmigiano-Reggiano ost
- 3 spiseskefulde hakkede grønne løg;

INSTRUKTIONER:

a) Forvarm grillen til 400 grader. I en røreskål, smid tomaterne med olivenolie, salt og peber. Placer på grillen og steg i 2 til 3 minutter på hver side. Fjern fra grillen og stil til side. Forvarm ovnen til 400 grader.

b) Placer Portobello-svampen på en bageplade beklædt med bagepapir, hulrummet op. Dryp begge sider af svampene med olivenolie.

c) Krydr begge sider med salt og peber. Luft en fjerdedel af osten over hvert hulrum i svampen.

d) Sæt i ovnen og kog indtil svampene er møre og osten er boblende, cirka 10 minutter. Varm olivenolien op i en stor sauterpande ved middel varme.

e) Tilsæt løgene. Smag til med salt og peber. Sauter indtil løgene er lidt bløde, cirka 3 minutter.

f) Tilsæt vand og hvidløg. Bring blandingen i kog, reducer varmen til medium og lad det simre i cirka 6 minutter.

g) Tilsæt risene og lad det simre under konstant omrøring, indtil blandingen er cremet og boblende, cirka 18 minutter. Rør smør, fløde, ost og grønne løg i.

h) Lad det simre i cirka 2 minutter, under konstant omrøring. Tag af varmen og rør tomaterne i.

57. New Zealand kød- og svampetærte

INGREDIENSER:
TIL FYLDET:
- 1/4 kop (60 ml) vegetabilsk olie
- Lidt mere end 1 lb (500 g) hakket oksekød
- 1 løg, finthakket
- 2 fed hvidløg, meget fint hakket
- 2 store Portobello-svampe, finthakkede
- 2 gulerødder, skrællet og skåret i tern
- 2 stilke selleri, afstrenget og skåret i skiver
- 1 lille håndfuld persille, finthakket
- 1 lille håndfuld bladselleri, finthakket
- 1 spsk finthakket frisk blød timian
- 1 spsk frisk rosmarin, finthakket
- 1/2 spsk varm engelsk sennep
- 2 spsk tomatpure
- 1/4 tsk malede Horopito-blade, eller efter smag
- 1 1/4 tsk (7 g) Maldon havsaltflager
- 3 3/4 teskefulde (20 g) majsstivelse
- 2 1/2 pund (1,2 kg) smør butterdej
- 1 kop (120 g) groft revet cheddar
- 1 æg, let pisket

FOR DET RIGE OKSEKØDSLAG:
- 1 1/2 spsk vegetabilsk olie
- 10 1/2 ounce (300 g) oksekødsrester, skåret i tern
- 3 1/2 ounce (100 g) stykke pladebacon, skåret i 3 cm terninger
- 1 løg, usrællet, skåret i tynde skiver
- 5 fed hvidløg, skrællet, halveret
- 6 timiankviste
- 3 friske laurbærblade
- 1 tsk sorte peberkorn
- 1/4 kop (65 ml) brandy
- 6 1/2 kopper (1 1/2 liter) hønsefond af bedste kvalitet

INSTRUKTIONER:
FORBERED RIG OKSEKØDSLAG:
a) I en stor gryde opvarmes vegetabilsk olie og brune oksekødsrester og bacon. Tilsæt hakket løg, hvidløg, timian, laurbærblade og sorte peberkorn. Kog indtil løget er blødt. Tilsæt brandy og kog indtil det er fordampet.
b) Hæld hønsefond i og lad det simre i cirka 1 time. Si og sæt til side.

FORBERED FYLDET:
c) Opvarm vegetabilsk olie i en stor stegepande. Tilsæt hakket oksekød og steg, indtil det er brunet. Tilsæt hakket løg, hvidløg, champignon, gulerødder og selleri. Kog indtil grøntsagerne er møre.
d) Rør persille, bladselleri, timian, rosmarin, sennep, tomatpure, horopitoblade (hvis du bruger) og salt i. Bland godt.
e) Opløs majsstivelse i lidt vand og tilsæt til blandingen. Kog indtil blandingen tykner. Fjern fra varmen og lad det køle af.

SAMLER TÆRTEN:
f) Forvarm ovnen til den temperatur, der anbefales til din butterdej.
g) Rul butterdejen ud og beklæd bunden af et tærtefad. Fyld med den afkølede kødblanding, drys revet cheddar ovenpå.
h) Dæk med endnu et lag butterdej. Luk kanterne og pensl med sammenpisket æg.
i) Bages i den forvarmede ovn, indtil dejen er gyldenbrun og gennemstegt.
j) Server New Zealand Meat Pie varm med en side af rig oksefond til dypning.

58.Svampesauce over ægnudler

INGREDIENSER:
- 3 spsk olivenolie
- 1 gult løg, hakket
- ½ kop hakket selleri
- ½ kop hakkede gulerødder
- 1 pund skåret cremini svampe
- 12 ounces portobellosvampe, skåret i skiver
- 14,5-ounce dåse brandristede tomater, skåret i tern og drænet
- ¾ kop tomatsauce
- 2 tsk hakket frisk rosmarin eller timian
- ½ tsk kosher salt
- ½ tsk sort peber
- ¼ kop tør rødvin
- 1 spsk sojasovs med lavt natriumindhold
- 8-ounce pakke med fuldkorns ekstra brede ægnudler
- 1 ounce parmesanost, revet
- Hakket frisk fladbladet persille

INSTRUKTIONER:
a) Opvarm 2 spsk olie i en stegepande over moderat varme. Tilføj løg, selleri og gulerødder til stegepanden; kog under konstant omrøring, indtil blandingen begynder at brune, ca. 5 minutter. Læg løgblandingen i en Crockpot.

b) Opvarm den resterende 1 spsk olie i gryden over moderat varme. Tilsæt svampene; kog under konstant omrøring, indtil de er møre, ca. 8 minutter.

c) Overfør svampeblandingen til en foodprocessor, og pulsér, indtil den er grofthakket ca. 5 gange. Tilsæt svampe, tomater, tomatsauce, rosmarin, salt og peber til Crockpot. Rør vin og sojasovs i. Kog langsomt, tildækket, indtil blandingen er lidt tyknet, cirka 6 timer.

d) Imens koges æggenudlerne efter pakkens anvisninger. Server svampesaucen over de varme nudler. Drys hver portion med osten. Pynt med persille.

59.Krydret røget tofu salatkopper

INGREDIENSER:
- 2 spiseskefulde vegetabilsk olie
- 1 spsk sesamolie
- 1 løg, pillet og skåret i tern
- 4 fed hvidløg, pillede og knuste
- 250 g babymajs, skåret i tykke skiver
- 250 g Portobello-svampe i tern
- 2 spsk Shaoxing risvin
- 400 g røget tofu, smuldret
- 80 g vandkastanjer, groft hakket
- 3 spsk sojasovs
- 2 spsk sriracha chilisauce
- 1 spsk riseddike
- 2 store håndfulde bønnespirer
- Stor håndfuld koriander, hakket groft
- At tjene
- 2 iceberg eller runde salatblade, eller 4 små perleblade
- 1 rød chili, udkernet hvis du ønsker et mildere hit, fint skåret
- Håndfuld sprødstegte løg

INSTRUKTIONER:
a) Stil en stor non-stick wok over høj varme. Når det ryger varmt, tilsættes olierne, derefter løget og steges i 1-2 minutter. Tilsæt hvidløg og babymajs og steg i 1-2 minutter. Tilsæt champignon og risvin og steg i yderligere 2 minutter.
b) Drys tofuen i gryden og rør vandkastanjerne i. Tilsæt sojasovsen, sriracha og riseddike og steg i 1-2 minutter, før du tilsætter bønnespirerne. Steg i yderligere et minut, tag af varmen, og rør derefter korianderen i.
c) Anret tofublandingen i skåle med salatbladene ved siden af. Drys med rød chili og sprøde løg inden servering.

PIZZA

60.Grillet pizza Hvid Portobellos

INGREDIENSER:
- 1 spiseskefuld Plus 1 tsk hvidløg; hakket
- Jomfru olivenolie
- 4 4" portobellosvampe stilke kasseret
- 20 skiver Aubergine; skær ⅛" tykt
- 2 kopper revet fontina ost løst pakket
- ¾ kop friskrevet parmesanost
- ½ kop Gorgonzola ost; smuldrede
- Pizzadej
- ¼ kop flad bladpersille; hakket

INSTRUKTIONER:
a) Forbered en trækulsild af hårdttræ og sæt grillstativet 3 til 4 tommer over kullene.
b) I en skål blandes hvidløget med ¼ kop olivenolie. Pensl frit olien på svampe og aubergine.
c) I en anden skål blandes fontina, parmesan og gorgonzola sammen. Dæk til og stil på køl. Når der begynder at komme hvid aske på kullene, er ilden klar.
d) Grill svampehætterne, indtil de er bløde og gennemstegte, cirka 4 minutter på hver side. Grill aubergineskiverne, indtil de er møre, cirka to minutter på hver side. Skær champignonhætterne ⅛ tomme tykke og sæt til side med aubergine.
e) Del pizzadejen i fire lige store stykker. Hold 3 stykker tildækket. På en stor, let olieret uindrammet bageplade, spred og flad det fjerde stykke dej ud med hænderne for at danne en 12-tommer fri form rundt omkring 1/16-tommer-tyk; lav ikke en læbe.
f) Draper forsigtigt dejen på den varme grill, inden for et minut vil dejen puste lidt, undersiden vil stivne og grillmærker vises.
g) Brug en tang, vend straks skorpen over på en opvarmet bageplade og pensl med olivenolie. Fordel en fjerdedel af de blandede oste, persille og grillede grøntsager over skorpen.
h) Dryp pizzaen med olivenolie. Skub pizzaen tilbage mod de varme kul, men ikke direkte over sektioner, der modtager høj varme; tjek undersiden ofte for at se, at den ikke forkuller. Pizzaen er færdig, når ostene er smeltet og grøntsagerne er gennemvarmet, 3 til 4 minutter.
i) Server pizzaen varm fra grillen. Gentag proceduren for at lave de resterende pizzaer.

61. Mini Portobello pizzaer

INGREDIENSER:
- 1 vintomat, skåret i tynde skiver
- ¼ kop friskhakket basilikum
- og peber med lavt natriumindhold
- 4 ounce vegansk ost
- 20 skiver Pepperoni
- 6 spsk olivenolie
- 4 Portobello Svampehatte

INSTRUKTIONER:
a) Skrab hele svampens indre ud.
b) Forvarm ovnen til høj stegning og pensl indersiden af svampene med olivenolie. Smag til med salt og peber.
c) Steg svampen i 3 minutter.
d) Vend svampene og pensl med olivenolie og smag til med salt og peber.
e) B kog yderligere 4 minutter.
f) Læg et tomat- og basilikumblad i hver svamp.
g) Top hver champignon med 5 stykker pepperoni og vegansk ost.
h) Steg i yderligere 2 minutter.

62.Portobello og sort oliven pizza

INGREDIENSER:
- 1 pizzadej
- 2 spsk olivenolie
- 2 portobellosvampehatte, skåret i ¼-tommers skiver
- 1 spsk finthakket frisk basilikum
- ¼ tsk tørret oregano
- Salt og friskkværnet sort peber
- ½ kop pizzasauce eller marinarasauce

INSTRUKTIONER:

a) Flad den hævede dej lidt ud, dæk den til med plastfolie eller et rent viskestykke, og stil den til side i 10 minutter.

b) Placer ovnristen på det laveste niveau af ovnen. Forvarm ovnen til 450°F. Smør en pizzapande eller bageplade let.

c) Vend den afslappede dej ud på en let meldrysset arbejdsflade og flad den med hænderne, vend og mel ofte, og arbejd den til en 12-tommer runde. Pas på ikke at overanstrenge midten, ellers bliver midten af skorpen for tynd. Overfør dejen til den forberedte pizzapande eller bageplade.

d) I en stegepande opvarmes 1 spsk af olien over moderat varme.

e) Tilsæt svampene og kog indtil de er bløde, cirka 5 minutter. Fjern fra varmen og tilsæt basilikum, oregano og salt og peber efter smag. Rør oliven i og stil til side.

f) Fordel den resterende 1 spsk olie på den forberedte pizzadej, brug fingerspidserne til at fordele den jævnt. Top med pizzasaucen, fordel jævnt til omkring ½ tomme fra dejens kant. Fordel grøntsagsblandingen jævnt over saucen til cirka ½ tomme fra dejens kant.

g) Bages indtil skorpen er gyldenbrun, cirka 12 minutter. Skær pizzaen i 8 tern og server den varm.

63.Portobello pizza

INGREDIENSER:
- 1 mellemstor tomat, skåret i skiver
- ¼ kop basilikum, hakket
- 20 pepperoni skiver
- 4 Portobello-svampehatte
- 4 oz mozzarella ost
- 6 spsk olivenolie
- Sort peber
- Salt

INSTRUKTIONER:
a) Fjern indersiden af svampe og tag kødet ud, så skallen er tilbage.
b) Overtræk svampe med halvdelen af olien og krydr med peber og salt; steges i 5 minutter, vend derefter og overtræk med resterende olie. Bages i yderligere 5 minutter.
c) Tilføj tomat til indersiden af skallen og top med basilikum, pepperoni og ost. Steg i 4 minutter, indtil osten smelter.
d) Serveres varm.

64.Klassisk Margherita Portobello Pizza

INGREDIENSER:
- 4 store portobellosvampe
- 1 kop marinara sauce
- 1 1/2 dl mozzarellaost, revet
- Friske basilikumblade til pynt
- Salt og peber efter smag

INSTRUKTIONER:
a) Forvarm ovnen til 400°F (200°C).
b) Fjern stilkene fra portobellosvampene og læg dem på en bageplade.
c) Hæld marinara sauce i hver champignonhætte.
d) Drys mozzarellaost over saucen.
e) Smag til med salt og peber efter smag.
f) Bag i 15-20 minutter eller indtil osten er smeltet og boblende.
g) Pynt med friske basilikumblade inden servering.

65. Bbq kylling Portobello Pizza

INGREDIENSER:
- 4 store portobellosvampe
- 1 kop kogt kylling, strimlet
- 1/2 kop rødløg, skåret i tynde skiver
- 1/2 kop barbecue sauce
- 1 1/2 dl cheddarost, revet
- Frisk koriander, hakket, til pynt

INSTRUKTIONER:
a) Forvarm ovnen til 400°F (200°C).
b) Fjern stilkene fra portobellosvampene og læg dem på en bageplade.
c) Bland strimlet kylling med barbecuesauce.
d) Hæld grillkyllingblandingen i hver champignonhætte.
e) Top med hakket rødløg og cheddarost.
f) Bages i 15-20 minutter eller indtil osten er smeltet.
g) Pynt med hakket koriander inden servering.

66.Vegetarisk Pesto Portobello Pizza

INGREDIENSER:
- 4 store portobellosvampe
- 1/2 kop pesto sauce
- 1 kop cherrytomater, halveret
- 1/2 kop sorte oliven, skåret i skiver
- 1 1/2 dl fetaost, smuldret
- Frisk oregano, til pynt

INSTRUKTIONER:
a) Forvarm ovnen til 400°F (200°C).
b) Fjern stilkene fra portobellosvampene og læg dem på en bageplade.
c) Fordel pestosauce inden i hver svampehætte.
d) Anret halverede cherrytomater og skiver sorte oliven ovenpå.
e) Smuldr fetaost over grøntsagerne.
f) Bag i 15-20 minutter eller indtil osten er gylden og boblende.
g) Pynt med frisk oregano inden servering.

67.Kødelskere Portobello Pizza

INGREDIENSER:
- 4 store portobellosvampe
- 1 kop marinara sauce
- 1/2 kop pepperoni skiver
- 1/2 kop kogt pølse, smuldret
- 1/2 kop kogt bacon, hakket
- 1 1/2 dl mozzarellaost, revet

INSTRUKTIONER:
a) Forvarm ovnen til 400°F (200°C).
b) Fjern stilkene fra portobellosvampene og læg dem på en bageplade.
c) Hæld marinara sauce i hver champignonhætte.
d) Læg et lag med pepperoniskiver, smuldret pølse og hakket bacon.
e) Drys mozzarellaost over toppings.
f) Bag i 15-20 minutter eller indtil osten er smeltet og boblende.
g) Lad pizzaerne køle lidt af inden servering.

SANDWICHES, BURGERE OG INDPAKNING

68.Champignonbøf Sandwich & Pesto

INGREDIENSER:
- 2 kopper frosne haveærter
- 1 kop babyraketblade
- 1 lille fed hvidløg, pillet
- ¼ kop fintrevet parmesanost
- ¼ kop pinjekerner, ristede
- 3 spsk ekstra jomfru olivenolie
- 4 portobellosvampe
- 4 skiver surdejsbrød, ristet
- Brøndkarse og barberet radise, til servering

INSTRUKTIONER:

a) Dræn kogte ærter og stil ½ kop ærter til side. Kom de resterende ærter, rucola, hvidløg, parmesan, pinjekerner og 2 spiseskefulde olie i en foodprocessor og forarbejd indtil puré. Smag til efter smag. Rør reserverede ærter gennem ærtepesto.

b) Læg svampe på en bageplade beklædt med bagepapir og dryp med resten af olien. Placer under en forvarmet grill på høj og steg i 2 minutter på hver side, indtil den er let brunet.

c) Smør ærtepesto på brød, top med svampe, brøndkarse og radise. Server straks.

69. Portobello svampe burger

INGREDIENSER:
- 4 portobello-svampehatte
- 2 spsk balsamicoeddike
- 2 spsk olivenolie
- 2 fed hvidløg, hakket
- Salt og peber efter smag
- 4 burgerboller
- Toppings efter eget valg (salat, tomat, ost osv.)

INSTRUKTIONER:

a) I et lavt fad piskes balsamicoeddike, olivenolie, hakket hvidløg, salt og peber sammen.

b) Læg portobellosvampehattene i fadet og lad dem marinere i cirka 10 minutter, og vend dem halvvejs igennem.

c) Forvarm en grill eller kogepande over medium-høj varme.

d) Grill champignonhattene i cirka 4-5 minutter på hver side, til de er møre og saftige.

e) Rist burgerbollerne let på grillen eller i en brødrister.

f) Saml burgerne ved at lægge en grillet portobellosvampehætte på den nederste halvdel af hver bolle.

g) Top med dine foretrukne toppings.

h) Dæk med den øverste halvdel af bollen og server.

70.Vilde svampe burger

INGREDIENSER:
- 2 tsk olivenolie
- 1 mellemstor gul løg; hakket fint
- 2 Skalotteløg; skrællet og hakket
- ⅛ tsk salt
- 1 kop tørre shiitakesvampe
- 2 kopper Portobellosvampe
- 1 pakke Tofu
- ⅓ kop ristet hvedekim
- ⅓ kop brødkrummer
- 2 spsk Lite sojasovs
- 2 spsk Worcestershire sauce
- 1 tsk Flydende røgsmag
- ½ tsk granuleret hvidløg
- ¾ kop hurtiglavet havre

INSTRUKTIONER:
a) Svits løg, skalotteløg og salt i olivenolie i cirka 5 minutter.
b) Stængel blødgjorte shiitakesvampe; hak med friske svampe i en foodprocessor. Tilføj til løg.
c) Kog i 10 minutter, omrør af og til for at undgå at klæbe.
d) Bland svampe med moset tofu, tilsæt de resterende ingredienser og bland godt. Våd hænder for at forhindre at de klistrer og form dem til bøffer.
e) Bages i 25 minutter, vend én gang efter 15 minutter.

71.Syltede svampe og haloumi burgere

INGREDIENSER:
- 1 stor avocado
- Finrevet skal og saft af 1 citron
- 2 spsk olivenolie
- 4 portobellosvampe, stilke trimmet
- 1 fed hvidløg, knust
- 4 timiankviste, blade plukket
- 1 lang rød chili, kerner fjernet, finthakket
- 1 spsk honning
- 2 spsk æblecidereddike
- 250 g haloumi, skåret i 4 skiver
- 4 burgerboller, delt og let ristet
- Mayonnaise og vilde rucolablade, til servering

INSTRUKTIONER:

a) Mos avocadoen med en gaffel og krydr den. Dryp halvdelen af citronsaften over den mosede avocado, og stil den derefter til side.

b) Opvarm 1 spsk olivenolie i en stor stegepande over medium varme. Tilsæt portobellosvampene, krydr med peber, og kog dem i cirka 6 minutter, eller indtil de er lidt bløde.

c) Tilsæt den resterende 1 spsk olivenolie til gryden sammen med presset hvidløg, timianblade, hakket chili, citronskal og den resterende citronsaft. Kog, vend svampene for at dække dem, i 2 minutter. Dryp derefter honning, æblecidereddike og ½ tsk salt over.

d) Kog, vend, i yderligere 1 minut, eller indtil svampene er godt dækket. Tag gryden af varmen.

e) Stil en anden stegepande over medium varme. Tilsæt halloumi-skiverne og kog, vend dem, i cirka 3 minutter, eller indtil de bliver gyldne.

SAMLER BURGERNE:

f) Fordel den mosede avocado mellem de nederste halvdele af de ristede burgerboller.

g) Top hver med en skive halloumi, en kogt portobello-svamp, en klat mayonnaise, en håndfuld vilde rucolablade og de øverste halvdele af burgerbollerne.

h) Nyd dine lækre pan-syltede svampe og haloumi burgere!

72.Champignon pesto burger

INGREDIENSER:
- 4 Portobello-svampehatte, opstammet, stykker fjernet
- Spinat pesto
- 4 skiver løg
- 4 skiver tomater
- 4 fuldkorns hamburgerboller

INSTRUKTIONER:
a) Forvarm ovnen til 400°F.
b) Pensl champignonhætter på begge sider med pesto, og læg dem på en bageplade med kant.
c) Kog i 15 til 20 minutter, indtil de er møre.
d) Læg svampene i lag med tomater og løg på bollerne.

73. Haloumi Hash Burgere Med Grønkål Aioli

INGREDIENSER:
- 200 g Desiree kartofler, skrællede, revet, overskydende vand presset ud
- 250 g halloumi, revet
- 1 spsk almindeligt mel
- 1 æg
- 4 store portobellosvampe
- Ekstra jomfru olivenolie, til drypning
- 1 kop (300 g) aioli
- 2 kopper hakkede grønkålsblade, blancheret, forfrisket
- 4 rugbrødsruller, flækkede, let ristede
- Rucolablade og Sriracha eller tomatsauce, til servering

INSTRUKTIONER:

a) Forvarm din ovn til 220°C.

b) I en skål kombineres revet kartoffel, revet halloumi, almindeligt mel og æg. Krydr blandingen med peber. Form blandingen til fire runde på en bageplade beklædt med bagepapir.

c) Sæt pladen på øverste hylde i ovnen og bag, vend hash browns halvvejs igennem, i cirka 30 minutter, eller indtil de er gyldne.

d) Læg imens portobellosvampene på en anden bageplade, dryp dem med olivenolie og krydr dem. Bag dem på nederste hylde i ovnen (under hash browns) i de sidste 15 minutter af tilberedningen, eller indtil de er gennemstegte.

e) Kom aioli og hakket grønkål i en lille foodprocessor og forarbejd indtil blandingen bliver grøn og godt blandet.

SAMLER BURGERNE:

f) Fordel bunden af rugbrødsrullerne med grønkålsaiolien.

g) Top hver rulle med en halloumi-hash brown, rucolablade, en ristet champignon, Sriracha (eller tomatsauce) og rullelågene.

h) Nyd dine unikke og lækre Haloumi Hash Burgers med Kale Aioli!

74. Portobello Italiensk Sub Sandwich

INGREDIENSER:
- 8 store Portobello-svampe, tørret af
- 2 spsk ekstra jomfru olivenolie
- Kosher salt
- 1 spsk rødvinseddike
- 1 spsk finthakket pepperoncini med frø
- ½ tsk tørret oregano
- Friskkværnet sort peber
- 2 ounce skiver provolone (ca. 4 skiver)
- 2 ounce tyndt skåret skinke med lavt natriumindhold (ca. 4 skiver)
- 1 ounce tyndt skåret Genova salami (ca. 4 skiver)
- 1 lille tomat, skåret i 4 skiver
- ½ kop strimlet icebergsalat
- 4 peberfrugtfyldte oliven

INSTRUKTIONER:
a) Placer en ovnrist i den øverste tredjedel af ovnen, og forvarm grillen.
b) Fjern stilkene fra svampene og kassér dem.
c) Læg svampehætterne med gællesiden opad og brug en skarp kniv til at fjerne gællerne helt (så hætterne ligger fladt).
d) Arranger svampehætterne på en bageplade, pensl det hele med 1 spsk olie og drys med ¼ tsk salt.
e) Steg indtil hætterne er lige møre, vend halvvejs igennem, 4 til 5 minutter pr. side. Lad det køle helt af.
f) Pisk eddike, pepperoncini, oregano, den resterende 1 spsk olie og et par kværn sort peber sammen i en lille skål.

SAMLER SANDWICHENE
g) Anbring en svampehætte, skåret opad, på en arbejdsflade. Fold 1 stykke provolone, så det passer oven på hætten, og gentag med 1 skive skinke og salami hver.
h) Top med 1 skive tomat og cirka 2 spsk salat. Dryp med lidt af pepperoncini-vinaigretten. Sandwich med en anden svampehætte og fastgør med en tandstikker trådet med en oliven. Gentag med de resterende ingredienser for at lave 3 flere sandwich.
i) Pak hver sandwich halvvejs ind i vokspapir (dette vil hjælpe med at fange alle safterne) og server.

75. Bbq Bunless Veggie Burger

INGREDIENSER:
TIL DEN BUNLØSE BURGER:
- 8 gourmetburgere
- Avocado madolie
- 1 avocado, skåret i skiver
- 4 portobellosvampe
- 1 løg skåret i ringe
- 4 skiver vegansk cheddarost
- Tomatsovs
- mayonnaise

TIL REDBEDE- & ÆBLESLAWEN:
- 2 rødbeder, skrællet og revet
- 2 æbler, revet
- 1 kop revet rødkål
- 3 spsk æblecidereddike
- 2 tsk økologisk råsukker
- 1 spsk fuldkorns sennep
- 4 spiseskefulde ekstra jomfru olivenolie
- ½ kop frisk persille, finthakket
- ½ kop frisk persille, finthakket
- ½ tsk friskkværnede sorte peberkorn
- Skåret cornichoner til pynt

INSTRUKTIONER:
a) Læg rødbede, æble og rødkål i en skål.
b) Tilsæt eddike, sukker, sennep, olivenolie og persille. Kombiner godt. Smag til efter smag. Sæt til side.
c) Varm en grill op. Tilbered veggie-gourmetburgerne, svampe og løgringe med et skvæt avocado-madolie.
d) Kombiner tomatsauce og mayo. Sæt til side.

AT SAMLE
e) Læg først en skive vegansk ost på en veggieburger.
f) Smelt den veganske ost ved at lægge den under grillen eller opvarm den i mikroovnen, indtil den er smeltet.
g) Smør lidt tomatmayosauce, og læg derefter champignon, avocadoskiver, rødbede og æblesalat i lag.
h) Fordel noget mere tomatmayosauce på en anden veggieburger, læg den derefter oven på burgeren og stak saucen nedad for at fuldende den.
i) Pynt med kogte løgskiver og cornichoner på toppen af burgeren.
j) Stik et spyd for at holde det intakt.

76.Chipotle Cheddar Quesadilla

INGREDIENSER:
- Tortillas
- 2 kopper hytteost
- 2 kopper cheddarost
- 1 peberfrugt
- 1 kop Portobello-svampe
- 2-3 spsk Chipotle-krydderi
- Mild salsa, til dypning

INSTRUKTIONER:

a) Tilsæt peberfrugt (skåret, rød) og svampe (skåret) i en stor grillpande ved middel varme.

b) Kog i cirka 10 minutter, indtil de er bløde. Fjern og kom over i en skål (medium). Sæt til side.

c) Tilsæt chipotlekrydderi og hytteost i en lille skål. Rør godt for at inkorporere.

d) Læg tortillas på grillpanden og hæld grøntsagsblandingen over tortillas.

e) Drys hytteostblanding over toppen, og top derefter med cheddarosten (revet).

f) Læg en ekstra tortilla over toppen af fyldet.

g) Kog i cirka 2 minutter og vend derefter og fortsæt med at lave mad i et minut mere.

h) Gentag processen med de resterende tortillas og fyld.

i) Server straks med salsaen (mild).

77.Bulgur Linser Veggie Patty

INGREDIENSER:
- 2 kopper kogte linser
- 1 kop røget Portobello-svampe,
- 1 kop Bulgur hvede
- 2 fed ristede hvidløg,
- 1 spsk Worcestershire
- 2 spsk valnøddeolie
- ¼ tsk estragon, hakket
- Salt og peber efter smag

INSTRUKTIONER:
a) Forbered en træ- eller kulgrill og lad den brænde ned til gløder.
b) Mos linserne i en røreskål, indtil de er glatte.
c) Tilsæt alle andre ingredienser og bland, indtil det er grundigt kombineret.
d) Stil på køl i mindst 2 timer. Form til burgere.
e) Pensl burgerne med olivenolie og grill i 6 minutter på hver side eller indtil de er færdige.
f) Server varm med dine yndlingskrydderier.

78.Vegetarisk svampe indpakning med pesto

INGREDIENSER:
- 1 tortilla wrap
- 1 stor portobellosvampe, eller 1,5 mindre
- 1 tsk balsamicoeddike
- olivenolie, til madlavning
- 1 spsk mayonnaise
- 1 spsk pesto
- 2 fed hvidløg, hakket
- 1 håndfuld babyspinat
- 3 cherrytomater i kvarte
- 2 spsk feta, smuldret
- ¼ avocado, skåret eller i tern
- 4-6 tynde skiver rødløg

INSTRUKTIONER:
e) Forbered svampene. Dryp balsamicoeddike over dem, tilsæt hvidløg og bland for at kombinere.
f) Stil til side, mens du forbereder resten af wrap.
g) Fordel mayonnaise og pesto over wrap.
h) Kog nu dine svampe. Varm lidt olie op i en stegepande og steg på hver side, indtil den er godt brunet og reduceret, tryk ned med spatelen af og til for at frigive væske.
i) Når den er klar, tilføjes den direkte til toppen af wrap.
j) Rul tortillaen, forsegl den i enderne, og skær den i halve. Tjene.

79. Seitan Burritos

INGREDIENSER:
- Hvidløg; i tern
- Løg; skåret i skiver
- 2 store Portobello-svampe; skåret i skiver
- Seitan i fajita-stil
- Kanel
- Spidskommen
- Chili pulver
- Tortilla
- Reduceret fedt vegansk cheddarost

INSTRUKTIONER:

a) Skær nogle løg i skiver og kom i en gryde til at 'rørstege'. Tilføj to store Portobello-svampe. Tilsæt derefter skiverne af seitan. Tilsæt en smule kanel, spidskommen og chilipulver.

b) Varme tortilla indtil blød i slip-let pande, drys e en MEGET lille mængde fedtfattig cheddarost, overfør til en tallerken og hæld svampen i seitanblanding og fold sammen som en burrito.

80.Solide Portobello burgere

INGREDIENSER:

- ½ spsk kokosolie
- 1 tsk oregano
- 2 Portobello svampehatte
- 1 fed hvidløg
- Salt
- Sort peber
- 1 spsk dijonsennep
- ¼ kop cheddarost
- 6 oz oksekød/bison

INSTRUKTIONER:

a) Varm en bageplade op og kom krydderier og olie sammen i en skål.
b) Fjern gællerne fra svampene og læg dem i marinaden, indtil de skal bruges.
c) Tilsæt oksekød, ost, salt, sennep og peber i en anden skål og bland for at kombinere; form til en patty.
d) Læg marinerede hætter på grillen og steg i 8 minutter, indtil de er gennemvarmede. Læg pattyen på grillen og steg på hver side i 5 minutter.
e) Tag 'boller' fra grillen og top med burger og andre toppings, du vælger.
f) Tjene.

81. Portobello Po'Drenge

INGREDIENSER:
- 3 spsk olivenolie
- 4 Portobello-svampehætter, skyllet let, tørrede og skåret i 1-tommers stykker
- 1 tsk Cajun krydderi
- Salt og friskkværnet sort peber
- ¼ kop $_{vegansk}$ mayonnaise
- 4 sprøde sandwichruller, halveret vandret
- 4 skiver moden tomat
- 1 $^1/_2$ kopper strimlet romainesalat
- Tabasco sauce

INSTRUKTIONER:
a) I en stor stegepande opvarmes olien over medium varme. Tilsæt svampene og kog indtil de er brune og bløde, cirka 8 minutter.
b) Smag til med Cajun-krydderierne og salt og peber efter smag. Sæt til side.
c) Fordel mayonnaise på de afskårne sider af hver af rullerne.
d) Læg en tomatskive i bunden af hver rulle, top med revet salat. Arranger svampestykkerne ovenpå, drys med Tabasco efter smag, top med den anden halvdel af rullen, og server.

SUPPER

82. Portobello svampesuppe

INGREDIENSER:
- 300 ml enkelt creme
- 1 liter mælk
- 200 ml koldt vand
- 1 stort løg i tern
- 50 g smør
- Salt
- 250 g portobellosvampe, fint skåret
- 100 g knapsvampe, fint skåret
- 50 ml mørk sød madeiravin
- 4 laurbærblade
- 200 ml dobbelt creme
- Sort peber
- 6 små laurbærblade, til servering

INSTRUKTIONER:
a) Bring enkelt fløde, mælk og vand langsomt i kog i en stor gryde.
b) Imens svitser du langsomt løget i en anden gryde med smør, 2 laurbærblade og lidt salt. Når løget er gennemsigtigt, tilsæt svampene og steg ved højere varme, indtil væden koger ud. Tilsæt madeiravinen og reducer til en klistret glasur.
c) Hæld den kogende flødeblanding i, rør godt rundt og bring det i kog igen. Kog i ikke mere end 5 minutter, fjern bladene, og blend derefter glat.
d) Hvis du har infunderet den dobbelte creme med laurbærblade natten over, skal du fjerne den, før du pisker cremen til en let Chantilly - den skal tykne og falde fortørnet af en ske. Ellers pisk de strimlede laurbærblade i.
e) Server suppen med en skefuld flødeskum, lidt peber og et lille laurbærblad.

83. Kylling og svampesuppe med vilde ris

INGREDIENSER:
- 1,5 lb. friske svampe Jeg brugte økologisk shiitake og baby portobellos
- 1 lb. kylling kogt og strimlet
- 8 C. hønsebensbouillon eller bouillon
- 1 C. gulerødder i tern
- 1 C. selleri i tern
- 1 C. hvidløg i tern
- 1 C. vild arvestykke risblanding
- 1 C. tung fløde
- 6 oz. flødeost blødgjort
- 5 fed hvidløg hakket
- 2 spsk. græsfodret smør
- 2 tsk økologisk kyllingebund
- 3 dråber sort peber æterisk olie
- 2 dråber timian æterisk olie
- 2 dråber persille æterisk olie
- Salt efter smag

INSTRUKTIONER:

a) Læg gulerødder, selleri, hvidløg og løg i en gryde med smør og læg låg på.

b) Sauter ved svag varme, indtil de er møre. Tilsæt svampe og rør for at kombinere.

c) Dæk i 5 minutter og lad svampene frigive deres saft.

d) Afdæk og lad væsken reducere til det halve. Tilsæt hønsefond (eller bouillon), kyllingebund og ris. simre grøntsager i bouillon

e) Kom tilbage og lad simre ved svag varme i 40-50 minutter.

f) Mens suppen koger, blandes blødgjort flødeost og æteriske olier sammen i en lille skål. Tilsæt et par skefulde varm væske fra panden i flødeostblandingen. Røre rundt.

g) Fjern gryden fra varmen og pisk både flødeostblanding og tung fløde i gryden, indtil det er helt indarbejdet og glat. Tilsæt kylling.

h) Sæt suppen tilbage på varmen, lige indtil den begynder at simre.

i) Fjern fra varmen og server.

84.Fløde af Portobellosuppe

INGREDIENSER:
- 1/2 pund friske shiitakesvampe
- 1/2 pund baby portobello svampe
- 1 mellemstor løg, hakket
- 1 mellemstor gulerod, hakket
- 1 spsk olivenolie
- 1 spsk plus 1/2 kop smør, delt
- 5 kopper vand
- 1 frisk timiankvist
- 1-1/4 tsk salt, delt
- 3/4 tsk groftkværnet peber, delt
- 2 kopper hakkede porrer (kun hvid portion)
- 1/4 kop universalmel
- 1 kop hvidvin eller hønsebouillon
- 1 tsk hakket frisk timian
- 1 kop kraftig piskefløde
- 1 kop halv og halv fløde
- 1/2 kop hakket frisk persille

INSTRUKTIONER:

a) Fjern svampestilkene og hak dem groft. Skær svampehætterne i 1/4-in. skiver. Læg til side.

b) Kog svampestilke, gulerod og løg i olie og 1 spsk smør i en stor gryde ved middel varme, indtil de er bløde. Rør vand, 1/4 tsk peber, 1/2 tsk salt og timiankvist i. Kog op, reducer varmen og lad det simre i cirka 30 minutter uden låg. Filtrer bouillonen, kassér krydderierne og

c) grøntsager. Læg 4-1/2 dl bouillon til side.

d) Ved lav varme koges porrer i det resterende smør i en hollandsk ovn, lige indtil de begynder at brune, ca. 25-30 minutter, under omrøring af og til. Bland svampehætterne i; kog indtil de er bløde, cirka 10 minutter mere.

e) Rør derefter mel i, indtil det er blandet godt; tilsæt vin gradvist. Rør den reserverede svampebouillon, peber, det resterende salt og timian i.

f) Bring i kog; kog og rør, indtil det er tyknet, cirka 2 minutter. Rør derefter persille og cremerne i; varme igennem (må ikke koge).

85.Ristet hvidløg og Portobellosuppe

INGREDIENSER:
- 6 store portobellosvampe, skåret i skiver
- 1 hoved hvidløg, ristet
- 1 løg, hakket
- 4 kopper grøntsags- eller hønsebouillon
- 2 spsk olivenolie
- 1 kop mælk eller fløde
- Salt og peber efter smag
- Frisk persille til pynt

INSTRUKTIONER:

a) Forvarm ovnen til 400°F (200°C).

b) Læg portobellosvampe i skiver på en bageplade, dryp med olivenolie og steg i 20 minutter.

c) Pres ristede fed hvidløg fra hovedet.

d) Svits løg i en gryde, indtil de er gennemsigtige. Tilsæt ristede svampe og hvidløg.

e) Hæld bouillon i og bring det i kog. Kog i 15-20 minutter.

f) Brug en stavblender til at purere suppen.

g) Rør mælk eller fløde i, smag til med salt og peber og lad det simre i yderligere 5 minutter.

h) Pynt med frisk persille inden servering.

86.Urte-infunderet Portobello svampesuppe

INGREDIENSER:
- 6 store portobellosvampe, hakket
- 1 porre, skåret i skiver
- 2 gulerødder i tern
- 4 kopper grøntsags- eller hønsebouillon
- 1 tsk tørret timian
- 1 tsk tørret rosmarin
- 1 laurbærblad
- 2 spsk olivenolie
- Salt og peber efter smag
- Frisk purløg til pynt

INSTRUKTIONER:
a) Sautér porrer og gulerødder i en gryde i olivenolie, indtil de er bløde.
b) Tilsæt hakkede portobellosvampe og kog i 5 minutter.
c) Hæld bouillon i og tilsæt tørret timian, rosmarin og et laurbærblad. Bring det i kog og kog i 15-20 minutter.
d) Smag til med salt og peber efter smag.
e) Fjern laurbærbladet og brug en stavblender til at purere suppen.
f) Pynt med frisk purløg inden servering.

87.Karry Portobello svampesuppe

INGREDIENSER:
- 6 store portobellosvampe, skåret i skiver
- 1 løg, hakket
- 2 fed hvidløg, hakket
- 1 spsk karrypulver
- 4 kopper grøntsags- eller hønsebouillon
- 1 dåse (14 oz) kokosmælk
- 2 spsk olivenolie
- Salt og peber efter smag
- Frisk koriander til pynt

INSTRUKTIONER:
a) Svits løg og hvidløg i en gryde i olivenolie, indtil de er gennemsigtige.
b) Tilsæt portobellosvampe i skiver og karrypulver, kog i 5 minutter.
c) Hæld bouillon og kokosmælk i. Bring det i kog og kog i 15-20 minutter.
d) Smag til med salt og peber efter smag.
e) Brug en stavblender til at purere suppen.
f) Pynt med frisk koriander inden servering.

88. Vilde ris og Portobello svampesuppe

INGREDIENSER:
- 6 store portobellosvampe i tern
- 1 kop vilde ris, kogte
- 1 løg, finthakket
- 3 gulerødder i tern
- 4 kopper grøntsags- eller hønsebouillon
- 2 spsk olivenolie
- 1 kop mælk eller fløde
- Salt og peber efter smag
- Frisk persille til pynt

INSTRUKTIONER:
a) I en gryde sauteres løg og gulerødder i olivenolie, indtil de er bløde.
b) Tilsæt portobellosvampe i tern og kog i 5 minutter.
c) Hæld bouillon i og bring det i kog. Kog i 15-20 minutter.
d) Rør kogte vilde ris og mælk eller fløde i.
e) Smag til med salt og peber efter smag.
f) Lad det simre i yderligere 10 minutter.
g) Pynt med frisk persille inden servering.

89.Nem Portobell eller suppe

INGREDIENSER:
- 6 store portobellosvampe, hakket
- 1 løg, fint hakket
- 3 fed hvidløg, hakket
- 4 kopper grøntsags- eller hønsebouillon
- 1 kop tung fløde
- 2 spsk smør
- Salt og peber efter smag
- Frisk timian til pynt

INSTRUKTIONER:
a) I en stor gryde smeltes smør over medium varme.
b) Tilsæt løg og hvidløg, svits indtil de er bløde.
c) Tilsæt hakkede portobellosvampe og kog indtil de slipper deres væde.
d) Hæld bouillon i og bring det i kog. Lad det koge i 15-20 minutter.
e) Brug en stavblender til at purere suppen, indtil den er glat.
f) Rør tung fløde i og smag til med salt og peber.
g) Lad det simre i yderligere 5 minutter.
h) Pynt med frisk timian inden servering.

90.Linser og Portobellosuppe

INGREDIENSER:
- 6 store portobellosvampe, skåret i skiver
- 1 kop tørrede linser, skyllet og drænet
- 1 løg, hakket
- 3 fed hvidløg, hakket
- 4 kopper grøntsagsbouillon
- 1 dåse (14 oz) tomater i tern
- 2 spsk olivenolie
- 1 tsk stødt spidskommen
- Salt og peber efter smag
- Frisk koriander til pynt

INSTRUKTIONER:

a) Svits løg og hvidløg i en gryde i olivenolie, indtil de er gennemsigtige.

b) Tilsæt portobellosvampe i skiver og kog i 5 minutter.

c) Rør tørrede linser, grøntsagsbouillon, hakkede tomater og stødt spidskommen i.

d) Bring det i kog, reducer derefter varmen og lad det simre i 25-30 minutter, eller indtil linserne er møre.

e) Smag til med salt og peber efter smag.

f) Pynt med frisk koriander inden servering.

91.Portobellosuppe med hvidløg og parmesan

INGREDIENSER:
- 6 store portobellosvampe, hakket
- 1 løg, fint hakket
- 4 fed hvidløg, hakket
- 4 kopper grøntsags- eller hønsebouillon
- 1 kop revet parmesanost
- 1 kop tung fløde
- 3 spsk smør
- Salt og peber efter smag
- Frisk timian til pynt

INSTRUKTIONER:
a) I en gryde smeltes smør ved middel varme. Tilsæt løg og hvidløg, svits indtil de er bløde.
b) Tilsæt hakkede portobellosvampe og kog indtil de slipper deres væde.
c) Hæld bouillon i og bring det i kog. Kog i 15-20 minutter.
d) Brug en stavblender til at purere suppen, indtil den er glat.
e) Rør parmesanost og tung fløde i.
f) Smag til med salt og peber efter smag.
g) Lad det simre i yderligere 5 minutter.
h) Pynt med frisk timian inden servering.

92. Portobello svampe tortilla suppe

INGREDIENSER:

- 6 store portobellosvampe, skåret i skiver
- 1 løg, hakket
- 2 fed hvidløg, hakket
- 1 dåse (14 oz) tomater i tern med grønne chili
- 4 kopper grøntsags- eller hønsebouillon
- 1 kop majskerner
- 1 tsk stødt spidskommen
- Tortilla strimler til pynt
- Avocadoskiver til pynt
- Frisk koriander til pynt

INSTRUKTIONER:

a) Svits løg og hvidløg i en gryde, indtil de er gennemsigtige.
b) Tilsæt portobellosvampe i skiver og kog i 5 minutter.
c) Rør hakkede tomater i med grønne chili, grøntsagsbouillon, majs og stødt spidskommen.
d) Bring det i kog og kog i 15-20 minutter.
e) Smag til med salt og peber efter smag.
f) Server suppen toppet med tortillastrimler, avocadoskiver og frisk koriander.

SALATER

93. Grillet Portobello svampesalat

INGREDIENSER:
- 4 store portobellosvampe, rensede og opstammede
- 2 spsk olivenolie
- Salt og sort peber efter smag
- 4 kopper blandet grøntsalat
- 1 kop cherrytomater, halveret
- 1/2 rødløg, skåret i tynde skiver
- 1/4 kop fetaost, smuldret
- Balsamico vinaigrette dressing

INSTRUKTIONER:
a) Forvarm en grill eller grillpande over medium-høj varme.
b) Pensl portobellosvampe med olivenolie og krydr med salt og peber.
c) Grill svampene i 4-5 minutter på hver side, indtil de er møre.
d) Skær de grillede svampe i skiver.
e) I en stor skål kombineres blandet salatgrønt, cherrytomater, skiver rødløg og grillede portobelloskiver.
f) Drys smuldret fetaost over salaten.
g) Dryp med balsamico vinaigrettedressing.
h) Vend forsigtigt salaten for at kombinere alle ingredienser.
i) Server straks.

94.Portobello og Quinoa salat

INGREDIENSER:
- 4 store portobellosvampe i skiver
- 1 kop quinoa, kogt
- 1 agurk, i tern
- 1 peberfrugt (en hvilken som helst farve), skåret i tern
- 1/4 kop frisk persille, hakket
- 1/4 kop fetaost, smuldret
- Citron-urte dressing

INSTRUKTIONER:
a) Svits portobellosvampeskiver i en stegepande, indtil de er møre.
b) I en stor skål kombineres kogt quinoa, sauterede svampe, agurk i tern, peberfrugt i tern og hakket persille.
c) Drys smuldret fetaost over salaten.
d) Dryp med citron-urtedressing.
e) Vend forsigtigt salaten for at blande ingredienserne.
f) Serveres afkølet.

95.Spinat og Portobello svampesalat

INGREDIENSER:
- 4 store portobellosvampe i skiver
- 6 kopper babyspinat
- 4 skiver bacon, kogt og smuldret
- 1/4 kop rødløg, skåret i tynde skiver
- 1/4 kop valnødder, ristede
- Varm bacondressing

INSTRUKTIONER:

a) Sautér portobellosvampeskiver i en stegepande, indtil de slipper deres fugtighed.

b) Kombiner babyspinat, sauterede svampe, smuldret bacon, skåret rødløg og ristede valnødder i en stor salatskål.

c) Dryp varm bacondressing over salaten.

d) Vend forsigtigt salaten for at kombinere alle ingredienser.

e) Server straks.

96. Caprese Portobello svampesalat

INGREDIENSER:
- 4 store portobellosvampe, rensede og opstammede
- 1 kop cherrytomater, halveret
- 1 kugle frisk mozzarella i skiver
- Friske basilikumblade
- Balsamico glasur
- Olivenolie
- Salt og sort peber efter smag

INSTRUKTIONER:
a) Forvarm ovnen til 375°F (190°C).
b) Læg portobellosvampe på en bageplade, dryp med olivenolie og krydr med salt og peber.
c) Rist svampene i 15-20 minutter, til de er møre.
d) Arranger ristede portobellosvampe, cherrytomater og friske mozzarellaskiver på et serveringsfad.
e) Stik friske basilikumblade mellem champignon- og tomatskiverne.
f) Dryp med balsamicoglasur.
g) Server ved stuetemperatur.

97.Middelhavs Portobello svampesalat

INGREDIENSER:
- 4 store portobellosvampe, skåret i skiver
- 1 kop cherrytomater, halveret
- 1 agurk, i tern
- 1/2 rødløg, skåret i tynde skiver
- 1/2 kop Kalamata oliven, skåret i skiver
- 1/2 kop fetaost, smuldret
- Frisk oregano, hakket
- græsk dressing

INSTRUKTIONER:
a) Svits portobellosvampeskiver i en stegepande, indtil de er møre.
b) Kombiner cherrytomater, agurk i tern, skåret rødløg, Kalamata-oliven og sauterede svampe i en stor skål.
c) Drys smuldret fetaost over salaten.
d) Tilsæt hakket frisk oregano.
e) Dryp med græsk dressing.
f) Vend forsigtigt salaten for at kombinere.
g) Serveres afkølet.

98.Asiatisk Portobello-svampenudlesalat

INGREDIENSER:

- 4 store portobellosvampe, skåret i skiver
- 8 oz risnudler, kogte og afkølede
- 1 peberfrugt (en hvilken som helst farve), finhåret
- 1 gulerod, finthakket
- 1/2 kop sneærter, skåret i skiver
- 1/4 kop grønne løg, skåret i skiver
- Sesamfrø til pynt
- Soja-ingefærdressing

INSTRUKTIONER:

a) Sautér portobellosvampeskiver i en stegepande, indtil de slipper deres fugtighed.
b) I en stor skål kombineres kogte risnudler, julienned peberfrugt, juliennedlagt gulerod, skivede sneærter og sauterede svampe.
c) Tilsæt snittede grønne løg.
d) Dryp med soja-ingefærdressing.
e) Vend forsigtigt salaten for at blande den.
f) Pynt med sesamfrø.
g) Serveres afkølet.

99.Varm Portobello og gedeostsalat

INGREDIENSER:
- 4 store portobellosvampe, skåret i skiver
- 6 kopper rucola
- 1/2 kop cherrytomater, halveret
- 1/4 kop pinjekerner, ristede
- 4 oz gedeost, smuldret
- Balsamico reduktion
- Olivenolie
- Salt og sort peber efter smag

INSTRUKTIONER:
a) Svits portobellosvampeskiver i en stegepande, indtil de er møre.
b) I en stor salatskål kombineres rucola, cherrytomater, ristede pinjekerner og sauterede svampe.
c) Smuldr gedeost over salaten.
d) Dryp med balsamico-reduktion og olivenolie.
e) Smag til med salt og peber.
f) Vend forsigtigt salaten for at kombinere.
g) Server straks.

100.Sydvest Quinoa og Portobello salat

INGREDIENSER:
- 4 store portobellosvampe i tern
- 1 kop kogt quinoa, afkølet
- 1 dåse (15 oz) sorte bønner, skyllet og drænet
- 1 kop majskerner, friske eller frosne
- 1 rød peberfrugt i tern
- 1/4 kop koriander, hakket
- Lime vinaigrette
- Avocadoskiver til pynt

INSTRUKTIONER:
a) Sautér portobellosvampe i tern i en stegepande, indtil de slipper deres fugtighed.
b) I en stor skål kombineres kogt quinoa, sorte bønner, majs, rød peber i tern og sauterede svampe.
c) Tilsæt hakket koriander.
d) Dryp med limevinaigrette.
e) Vend forsigtigt salaten for at blande den.
f) Pynt med avocadoskiver.
g) Serveres afkølet.

KONKLUSION

Når vi afslutter vores gourmeteventyr gennem " Til Kærlighed Til Portobello-Svampe ", håber vi, at du har oplevet glæden ved at hæve dine kulinariske kreationer med svampenes konge. Hver opskrift på disse sider er en fejring af den robuste umami, kødfulde tekstur og alsidighed, som Portobello-svampe bringer til dit bord – et vidnesbyrd om de gourmetmuligheder, der ligger i denne svampekongelighed.

Uanset om du har nydt enkelheden ved grillede Portobello-steaks, omfavnet kreativiteten i fyldte kasketter eller udforsket dybden af svampeinspirerede retter, stoler vi på, at disse opskrifter har tændt din passion for gourmet-svampemadlavning. Ud over ingredienserne og teknikkerne, må konceptet med madlavning for kærligheden til Portobello-svampe blive en kilde til inspiration, kreativitet og en lækker rejse ind i svampegryddernes verden.

Mens du fortsætter med at udforske svampekongens kulinariske potentiale, må " Til Kærlighed Til Portobello-Svampe " være din betroede følgesvend, og guide dig gennem en række gourmetmuligheder, der viser Portobellos rigdom og alsidighed. Her skal du nyde den jordagtige og kødfulde godhed, skabe kulinariske mesterværker og fejre kærligheden til svampenes konge. God appetit!

www.ingramcontent.com/pod-product-compliance
Lightning Source LLC
Chambersburg PA
CBHW070350120526
44590CB00014B/1083